La signature électronique

Introduction technique et juridique
à la signature électronique sécurisée.
Preuve et écrit électronique.

Ouvrages de la même collection

JEAN-BAPTISTE Michelle, *Créer et exploiter un commerce électronique* (Identifier et promouvoir – Conclure un contrat – Sécuriser les échanges), 1998.

FENOLL-TROUSSEAU Marie-Pierre, HAAS Gérard, *Internet et protection des données personnelles* (Surfer – Être surfé), 2000.

LUCAS André, *Droit d'auteur et numérique* (Le droit d'auteur et les droits voisins dans l'environnement numérique – Nouveaux supports et réseaux), 1998.

PANSIER Frédéric-Jérôme, JEZ Emmanuel, *Initiation à l'internet juridique* (Connexion – Utilisation – Protection), 2000, 2ᵉ éd.

PIETTE-COUDOL Thierry, *Échanges électroniques – Certification et sécurité* (Cryptographie – Signature électronique – Preuve – Archivage), 2000.

VIVANT Michel, *Les contrats du commerce électronique* (Conception – Construction – Rédaction), 1999.

Thierry PIETTE-COUDOL

Avocat à la Cour de Paris

Droit@Litec

La signature électronique

Introduction technique et juridique à la signature électronique sécurisée. Preuve et écrit électronique.

Libraire de la Cour de cassation
27, place Dauphine - 75001 Paris

> Si vous souhaitez exposer votre point de vue ou simplement obtenir des informations complémentaires sur certains sujets, vous pouvez écrire à l'adresse suivante : droit@litec.fr

Le logo qui figure sur la couverture de ce livre mérite une explication. Son objet est d'alerter le lecteur sur la menace que représente pour l'avenir de l'écrit, tout particulièrement dans les domaines du droit, de l'économie et de la gestion, le développement massif du photocopillage.

Le Code de la propriété intellectuelle du 1er juillet 1992 interdit en effet expressément la photocopie à usage collectif sans autorisation des ayants droit. Or, cette pratique s'est généralisée dans les établissements d'enseignement supérieur, provoquant une baisse brutale des achats de livres au point que la possibilité même pour les auteurs de créer des œuvres nouvelles et de les faire éditer correctement soit aujourd'hui menacée.

© Éditions Litec, 2001
Siège social : 141, rue de Javel – 75015 Paris

Cette œuvre est protégée par les dispositions du Code de la propriété intellectuelle, notamment par celles de ses dispositions relatives à la propriété littéraire et artistique et aux droits d'auteur. Ces droits sont la propriété exclusive des Éditions Litec. Toute reproduction intégrale ou partielle, par quelque moyen que ce soit, non autorisée par les Éditions Litec ou ses ayants droit, est strictement interdite. Les Éditions Litec se réservent notamment tous droits au titre de la reproduction par reprographie destinée à réaliser des copies de la présente œuvre sous quelque forme que ce soit aux fins de vente, de location, de publicité, de promotion ou tout autre utilisation commerciale conformément aux dispositions de l'article L. 122-10 du Code de la propriété intellectuelle relatives à la gestion collective du droit de reproduction par reprographie.

ISBN 2-7111-3311-7

Principales abréviations

AC	Autorité de certification, synonyme de PSC
al.	Alinéa
art.	Article
C. civ.	Code civil
c/	Contre
CA	Cour d'appel
CE	Conseil d'État
CNUDCI	Commission des Nations unies pour le commerce international (UNCITRAL, en anglais)
DCS	Dispositif de création de signature
DPC	Déclaration des pratiques de certificat
DVS	Dispositif de vérification de signature
EDI	Échange de données informatisé
ICP	Infrastructure à clé publique
IETF	*Internet engineering task force*
JO	Journal officiel
JOCE	Journal officiel des Communautés européennes
LRC	Liste de révocation de certificats
MINEFI	Ministère de l'Économie, des Finances et de l'Industrie
n°	numéro
PC	Politique de certification
PSC	Prestataires de services de certification
SES	Signature électronique sécurisée
SCSSI	Service central de la sécurité des systèmes d'information
SPM-SSI	Services du Premier ministre chargé de la Sécurité des systèmes d'information

© Éditions Litec

| Avertissement

I – Au lecteur qui ouvre aujourd'hui cet ouvrage, je souhaite la bienvenue en lui en indiquant d'emblée un particularisme : il tient entre ses mains avec *La signature électronique* le tome I d'un ensemble de deux ouvrages qui se poursuit avec *Échanges électroniques – Certification et sécurité* (1). Tout ceci serait bien classique, si le tome I n'était pas paru près d'un an avant le tome II.

Pourquoi une parution dans le désordre? Quoi qu'on en dise, parce que le droit français n'est pas en retard en matière de signature électronique. Certes, la signature électronique est opérationnelle depuis environ une dizaine d'années, comme un excellent moyen de sécurité technique. C'est cependant à cause du terme *signature*, une appellation revendiquée par le droit, que les juristes se sont emparés de ce moyen sécuritaire. Ils lui ont apporté la dimension juridique convenable, à commencer par une directive communautaire qui essaime désormais dans le droit interne des États membres, notamment dans le droit français.

Au moment de la rédaction du tome II, le concept technique était déjà bien développé et les réflexions des juristes penchaient déjà vers la réutilisation en droit. Cet ouvrage sur la certification électronique n'a pas perdu son actualité parce qu'il complète celui que le lecteur a entre les mains. Sur le plan de la signature, il explique conceptuellement *comment on peut passer de la signature technique à la signature juridique* malgré l'abîme qui les sépare. De plus, consacré à la certification, il expose que la signature électronique est une des applications de la *certification électronique*, mais qu'il y en a d'autres, comme le *chiffrement* des messages (qui deviendra d'actualité dès que la future loi sur la Société de l'Information aura procédé à la libéralisation de la cryptographie) ou leur *horodatation*. Et surtout, le tome II décrit le modèle qui permet d'intégrer la signature électronique à l'infrastructure globale de sécurisation des échanges

---

(1) Th. Piette-Coudol, *Échanges électroniques — certification et sécurité*, coll. Droit@Litec, série « Maîtriser » (couverture orange), Éd. Litec.

© Éditions Litec

électroniques, qui n'est pas et ne sera pas défini par la loi, l'*infrastructure à clé publique*.

II – Ce livre est un ouvrage multidisciplinaire, destiné aussi bien au juriste, au technicien, au décideur ou au manager. Aux uns, il prétend exposer ce que la signature électronique peut apporter comme remède à la problématique juridique de la dématérialisation documentaire. Aux autres, il ambitionne d'expliquer ce que le juriste attend d'une signature technique pour lui donner l'onction juridique.

III – Ce livre est également un ouvrage d'initiation. Aussi le lecteur découvrant les arcanes de la signature électronique pourra-t-il se contenter d'une première lecture du corps principal de l'ouvrage, en négligeant les notes de bas de page. Contrairement à une pratique courante, les notes de cet ouvrage ne servent pas à indiquer des références d'ouvrages ou de textes juridiques. Ce sont des précisions complémentaires, des détails ou encore des éléments de débat. Le lecteur pourra se perfectionner par une seconde lecture incluant les notes de bas de page.

IV – Enfin, le lecteur y trouvera un plan assez déséquilibré, loin du plan classique de dissertation en deux parties. La matière le veut ainsi. La présentation en serait équilibrée si le procédé de vérification de la signature électronique était symétrique du procédé de création de la signature. Mais le procédé de création montre une excroissance, la clé publique, qui à son tour, crée une autre excroissance avec la question du certificat électronique qui a été émis par un certificateur, etc.

V – *Dernier avertissement* – En effet, ce paragraphe est écrit deux mois après ceux qui précèdent. Le décret d'application de la loi est sorti. Aussi le livre s'enrichit-il d'une annexe 5 nouvelle. Avant d'y parvenir, que le lecteur note que le droit français a adopté la «signature avancée» de la directive sous le nom de «signature sécurisée»…

Soyez patient et bon courage…

piettecoudol@wanadoo.fr

© Éditions Litec

Introduction

1 / Comme ce sera de plus en plus souvent le cas dans l'avenir, l'apparition du concept de signature électronique dans le droit français procède de l'adoption d'une directive européenne et de l'obligation de mise en conformité du droit interne qui s'ensuit (section 1). La modification du Code civil qui a réalisé cette adaptation a dû remettre à plat la notion de signature dans le monde de l'écrit juridique pour imposer l'équivalence entre la forme manuelle de la signature et sa forme électronique (section 2).

Section 1
CONTEXTE EUROPÉEN ET DROIT POSITIF

1. Directive et mise en conformité du droit français

2 / Depuis plusieurs années déjà, le développement des réseaux de télécommunications à des fins civiles, comme avec le *commerce électronique*, puis l'émergence d'internet avaient mis au premier plan des préoccupations des juristes spécialisés l'incertitude juridique provoquée par le statut incertain des actes et documents dématérialisés. Les réflexions développées dans les enceintes internationales incitent les États à reconnaître la validité juridique des messages électroniques. La Commission des Nations unies pour le droit commercial international (CNUDCI) a adopté en 1996 une *loi-type sur le commerce électronique* qui encourage la reconnaissance juridique des outils du commerce électronique. En France, le Conseil d'État a remis en juillet 1998 au Premier ministre un intitulé «*internet et les réseaux numériques*», dans lequel il proposait une reconnaissance de la valeur juridique des outils de la transaction électronique.

3 / Une directive européenne du 13 décembre 1999 sur la signature électronique a été en discussion pendant plus de dix-huit mois avant

© Éditions Litec

d'être difficilement accouchée par les instances européennes à la fin du siècle dernier. Elle a été publiée le 19 janvier 2000 au Journal officiel européen (*JOCE*). On pourra en trouver le texte dans l'annexe 2 de cet ouvrage. La finalité de la directive européenne est énoncée dans son article 5. Elle vise à ce que les nouvelles dispositions «répondent aux exigences légales d'une signature à l'égard de données électroniques de la même manière qu'une signature manuscrite répond à ces exigences à l'égard de données manuscrites ou imprimées sur papier».

4 / Lorsque la directive paraît, la signature électronique existe comme outil de sécurité technique depuis une bonne dizaine d'années. La directive se contentera dans un premier temps de reconnaître cette réalité en la qualifiant simplement de «*signature électronique*». Toute signature électronique est obtenue par la mise en œuvre de composants complexes comme le *dispositif de création de signature* et le *certificat électronique*. Ayant remarqué la diversité des paramètres envisageables pour ces composants, les Européens ont retenu ceux qui leur semblaient indispensables pour atteindre les effets juridiques d'une signature dans une perspective juridique. Des exigences particulières sont donc réclamées pour des composants qui deviennent des dispositifs *sécurisés* de création de signature et des certificats électroniques *qualifiés*. L'outil sécuritaire reçoit une vocation juridique et devient signature électronique *avancée* pour la différencier d'une *signature* que je qualifierais sous ma propre responsabilité de *simple* !

La directive définit deux types de signature électronique :

– la signature «simple» : *une donnée qui est jointe ou liée logiquement à d'autres données électroniques et qui sert de méthode d'authentification* ;

– «la signature électronique avancée» *est une signature électronique qui satisfait aux exigences suivantes* :

a) être liée uniquement au signataire ;

b) permettre d'identifier le signataire ;

c) être créée par des moyens que le signataire puisse garder sous son contrôle exclusif et

d) être liée aux données auxquelles elle se rapporte de telle sorte que toute modification ultérieure des données soit détectable.

---

5 / La définition est délicate à décrypter, surtout quand on n'en a pas la clé ! Je propose cependant une approche en deux points. Tout d'abord, voyez la fin de la définition de la signature simple qui mentionne l'*authentification* et le *d)* de la signature avancée, «être liée... de telle sorte que toute modification ultérieure des données soit détectable». Pour les techniciens, c'est parfaitement clair : le second point sous-entend un contrôle d'*intégrité*. L'intégrité est une garantie qu'un message reçu est identique à celui envoyé. Quant à l'authentification, il s'agit des moyens qu'on met en œuvre pour renforcer une *identification*.

6 / Commençons par la définition de la signature avancée : le d) renvoie à l'intégrité. Et les *a)*, *b)*, et *c)*, ne sont-ils pas des moyens de renforcer l'identification, c'est-à-dire de garantir l'authentification ? La définition de la signature simple fait référence à l'authentification. Mais on s'interroge sur le fait qu'elle *est jointe ou liée logiquement à d'autres données électroniques*. Ceci renvoie à la question de l'intégrité, on le comprendra mieux par la suite. La meilleure façon de « joindre » la signature aux données signées est de passer par le *condensé*, le système précisément employé pour garantir l'intégrité. Au total, les deux signatures visent les mêmes garanties techniques. Quelle est donc la différence ?

7 / Sans doute, celle-ci : la signature avancée vise un être humain, le signataire. La signature simple est complètement dépersonnalisée. En effet, un ordinateur peut « signer » automatiquement une série de messages électroniques avant l'envoi. Arrivés à destination, la signature peut être vérifiée automatiquement par le frontal de télécommunications, le *firewall* ou le centre serveur. C'est la grande différence, techniquement parlant : on peut signer n'importe quoi. Mais pour les juristes, seuls les êtres humains signent et généralement, des actes juridiques. Je résume dans le tableau suivant :

	Dimension technique	Dimension juridique
Signature simple (la signature des techniciens)	Authentification + Intégrité	(aucune)
Signature avancée (la signature des juristes)	Authentification + Intégrité	déterminée par le droit interne

8 / À quoi sert donc de mentionner la signature électronique simple dans la directive ? Sans doute simplement à lui octroyer un statut juridique. On peut le voir dans l'article 5 de la directive sur les effets juridiques : une signature électronique simple ne peut être repoussée en justice au motif que… elle ne serait pas avancée ! Elle constitue un simple fait juridique et peut dès lors constituer un moyen de preuve. Pour les techniciens, on dira que la signature simple ne peut faire l'objet d'une répudiation juridique globale (voir le 5.2.). Pour les

© Éditions Litec

juristes, on dira que comme moyen de preuve, la signature simple est recevable, mais que sa portée est sans doute faible. Bien plus faible, en tout cas, que la signature avancée.

9 / Puisque nous sommes sur l'article 5 de la directive, restons-y. Encore n'ai-je pas reproduit ici le texte de cet article : à cet endroit de l'ouvrage, l'article risquerait fort de rester incompréhensible pour le lecteur ! L'article 5 (le 5.1.) positionne la signature électronique avancée par rapport à la signature manuscrite et en regard du droit interne. C'est en effet, le droit interne qui va ajouter la spécificité juridique nationale de la signature. Pour nous Français, mais c'est naturellement valable pour bien d'autres États membres, la signature électronique devra comme la signature manuscrite manifester le consentement du signataire au contenu juridique de l'acte dématérialisé. Arrivés à ce point, on sort de la sphère technique pour entrer dans la sphère juridique. On verra par la suite que le saut qualitatif de l'une à l'autre ne va pas sans occasionner quelques difficultés de mise en œuvre.

10 / Pour en terminer avec les deux ressemblances et différences entre les deux signatures, voici un tableau qui sera plus facilement compréhensible par la suite.

	Signature simple	Signature avancée
Authentification	Authentification assurée de l'opérateur sur la machine	Identification assurée de l'auteur intellectuel
Intégrité	Intégrité du message électronique	Intégrité de l'acte sous-seing privé sous forme électronique
Consentement du signataire	(hors de propos)	Consentement exprimé par l'auteur intellectuel
Finalité	Préparer un acheminement sécurisé du message (transmission du message)	Rendre parfait l'acte sous-seing privé sous forme électronique

11 / On notera à l'occasion que la signature électronique a été conçue par les techniciens pour la transmission électronique des messages, en particulier sur internet. Si dorénavant la signature électronique (avancée) a une réelle dimension juridique, la signature électronique prise uniquement comme moyen de sécurité, garantissant

© Éditions Litec

authentification et intégrité conserve tout son intérêt. Cela signifie qu'on pourra rencontrer les deux dans des échanges électroniques un peu complexes.

2. Présentation du dispositif juridique français

12 / Face à la directive européenne sur la signature électronique, la France n'affiche pour une fois aucun retard. Sans en attendre le vote final, les pouvoirs publics français avaient préparé le texte qui devait mettre le droit interne en conformité avec la Directive. Adopté par le Conseil des ministres le 1er septembre 1999, le projet de *loi portant adaptation du droit de la preuve aux technologies de l'information et relatif à la signature électronique* a été déposé aussitôt sur le bureau du Sénat. Comme on peut le voir, la cible de cette loi est plus vaste que la seule signature électronique.

13 / Après un passage par sa Commission des lois, le Sénat a adopté en séance publique le mardi 8 février le texte du projet en première lecture avec quelques amendements, reconnaissant en particulier l'acte authentique sous forme électronique. Quant à l'Assemblée nationale, après un examen par sa propre Commission des lois dans sa séance du mercredi 23 février, les députés se saisissaient du texte. Ils en votaient définitivement le texte dans la version adoptée par le Sénat, le 1er mars vers une heure du matin. Ainsi était ratifiée une modification fondamentale du Code civil : l'informatique et internet pénétraient dans le droit français par le biais de la signature électronique (1).

14 / L'économie de la loi du 13 mars 2000, loi portant adaptation du droit de la preuve aux technologies de l'information et relatif à la signature électronique, est résumée dans le tableau suivant, article par article :

---

(1) Note pour les juristes : la loi a pour objet principal de réaliser une adaptation du droit de la preuve aux technologies de l'information. L'assimilation de la preuve par écrit au papier, dans la lecture traditionnelle faite de l'art. 1341 du C. civ., s'accommodait mal des évolutions technologiques conduisant de plus en plus souvent à la dématérialisation des échanges. Si la règle de la primauté de la preuve par écrit a connu de nombreux assouplissements, sous l'influence tant du législateur, qui est intervenu en 1980 pour élargir le champ des exceptions de l'art. 1341 du C. civ., que de la jurisprudence, qui a notamment admis la validité des conventions sur la preuve, il subsistait néanmoins des incertitudes sur l'admissibilité comme mode de preuve des messages dématérialisés ainsi que sur leur force probante.

© Éditions Litec

Article 1316	Définition de l'écrit : caractère, lettres, symboles... Support et modalités de transmission indifférents
Article 1316-1	Admission de l'*écrit sous forme électronique* comme moyen de preuve Conditions de l'*écrit sous forme électronique* : *Identification* assurée + *intégrité* dans la formation et la conservation
Article 1316-2	Validité de la convention de preuve Liberté de choix pour le juge dans un conflit de preuves
Article 1316-3	Force probante identique pour l'écrit-papier et l'écrit électronique
Article 1316-4	Définition signature : *identification* + *consentement* sur le contenu Présomption de fiabilité pour la signature électronique (décret en Conseil d'État)

15 / Naturellement, la majorité des développements de cet ouvrage sont consacrés à la signature électronique. De plus, j'ai délibérément laissé de côté les dispositions relatives à l'acte authentique électronique (2) qui doivent faire l'objet de textes d'application spécifiques.

16 / La loi du 13 mars 2000 prévoit un texte réglementaire fondamental pour la mise en pratique des composants techniques de la signature, un décret en Conseil d'État. Ce décret est différent du décret mentionné en note précédemment et qui s'appliquera à l'acte authentique électronique.

17 / Une première mouture du décret sur la signature électronique est connue. Ce n'est pas un texte particulièrement long et complexe : il ne comporte que neuf articles. Les uns énumèrent les exigences et conditions techniques à respecter pour que le procédé dans sa globalité se présente comme fiable. Les autres articles mettent en place trois systèmes de contrôle dont la finalité sera de vérifier la conformité des

---

(2) En ce qui concerne particulièrement les officiers publics :
– Un alinéa est ajouté à l'art. 1317 validant le principe d'un acte authentique sous forme électronique. Son établissement et sa conservation devront respecter des conditions fixées par un décret en Conseil d'État à venir.
– Le second alinéa de l'art. 1316-4 précise que si la signature électronique est apposée par un officier public, elle confère l'authenticité à l'acte signé.

© Éditions Litec

Introduction

prestations techniques aux exigences réglementaires. Les exigences listées dans le texte reprennent principalement les dispositions des annexes de la directive du 13 décembre 1999. Le décret prévoit des arrêtés d'application du Premier ministre ou du ministre des Finances sur la méthodologie des systèmes de contrôle et des organismes en charge.

Section 2
SIGNATURE MANUSCRITE ET SIGNATURE ÉLECTRONIQUE

1. Les caractéristiques applicables à toutes les signatures

18 / Un instrument juridique aussi traditionnel et aussi courant que la signature n'avait jamais été défini par le droit. Tout le monde sait de quoi il s'agit, sans se poser de questions plus avant. On pourrait même dire que l'adoption de sa signature personnelle par le jeune enfant est un élément significatif de sa socialisation et de son passage prochain à l'adolescence. Jusqu'ici le manque de définition ne posait pas réellement de problèmes, malgré des difficultés apparaissant périodiquement et dont la jurisprudence a fait écho. Pourtant pour la première fois, la loi du 13 mars 2000 a préparé l'introduction d'une définition de la signature traditionnelle dans le Code civil :

> Art. 1316-4. – *La signature nécessaire à la perfection d'un acte juridique identifie celui qui l'appose. Elle manifeste le consentement des parties* (3) *aux obligations qui découlent de cet acte...*

19 / On notera tout d'abord que la signature, au sens juridique, ne se rencontre que sur un acte juridique. Pour les non-juristes, on dira qu'un *acte juridique* est un document porteur de sens juridique (4).

---

(3) On ne tiendra pas compte de cette maladresse d'écriture dans le texte de la loi qui parle du *consentement des parties*. Il n'y a nul mélange entre les concepts de signature et de contrat. Le législateur luxembourgeois a été mieux inspiré en écrivant : la signature *identifie celui qui l'appose et manifeste son adhésion au contenu de l'acte* (art. 1322 du C. civ. du Luxembourg).

(4) Note pour les non-juristes : en pratique, un acte juridique ne peut avoir que deux types de contenu : des droits ou des obligations. Souvent ce sont les deux faces d'une même réalité : le droit de l'un est une obligation pour l'autre. Les actes juridiques connaissent deux variétés : les contrats (ou actes juridiques bilatéraux) et les actes

© Éditions Litec

Aussi non seulement, la signature est la marque de la personne qui s'oblige, mais encore elle est le signe visible de son acceptation des obligations contenues dans l'acte. Elle est assez clairement la marque propre de la personne lorsqu'elle représente son nom accompagné de quelques fioritures, plus ou moins artistiques. L'acceptation de l'acte par le signataire ne fait aucun doute : lorsque le secrétariat d'un décideur apporte un contrat dactylographié, c'est la signature du décideur qui rend « parfait » l'acte dans et par la volonté de celui qui l'a apposée.

20 / Lorsque la loi, emboîtant d'ailleurs le pas à la jurisprudence, déclare que la signature manifeste la volonté du signataire, une autre obligation apparaît. Non clairement énoncée, elle prendra tout son sens dans le monde de l'informatique : c'est le caractère volontaire de la signature. Un logiciel ou une procédure automatisée peut fort bien inclure une signature électronique sans qu'il n'y ait d'autre action de l'homme que celle du programmeur. C'est d'ailleurs ainsi que des procédures spécialisées reconnaissent et savent vérifier une signature électronique appliquée à une transaction électronique par un... centre serveur. On est bien loin des actes volontaires, des droits et obligations appliqués aux êtres humains ! Signer un document suppose une démarche active et un acte volontaire. Même l'engagement des maquignons dans les foires et les comices agricoles se manifeste par une vigoureuse tape dans la main : un geste volontaire non équivoque. Ces deux principes de la signature se traduisent par le fait que la signature est *apposée* sur un écrit papier (5).

21 / La signature électronique doit également identifier le signataire. Ce point est plus délicat. Les techniciens ont imaginé des systèmes techniques pour réaliser concrètement cette garantie : de nombreuses formes de *signature électronique* permettent d'authentifier l'origine d'un message. Peu, comme la *signature numérique*, sont capables d'assurer au surplus l'intégrité (6) du message. Je ne décrirai dans cet

---

juridiques unilatéraux. Dans ces derniers, une personne reconnaît une obligation à sa charge sans que son interlocuteur s'engage en retour. Contrats ou actes unilatéraux ne prennent leur valeur juridique que s'ils sont signés par celui ou ceux qui s'obligent. Prenons un autre document, une carte de vœux : cette carte ne contient ni droit ni obligation, ce n'est donc pas un acte juridique... et sa signature ou l'absence de signature n'a aucune conséquence juridique.

(5) Il est nécessaire de préciser désormais qu'on parle d'un écrit (sur) papier, car l'écrit peut revêtir une *forme électronique*, une autre avancée de la loi du 13 mars 2000.

(6) La mention de l'*intégrité* a été critiquée par les experts pendant la procédure législative qui a conduit à l'adoption de la loi. L'emploi du terme laisse supposer que certaines variétés de signature électronique (voir la note suivante) ne garantissant pas l'intégrité seraient exclues du périmètre du texte malgré la concurrence et la liberté du commerce. La garantie d'intégrité semble cependant indispensable dans un contexte de

© Éditions Litec

Introduction

ouvrage que la *signature numérique* (7) car elle sert de base technique à la signature électronique reconnue et validée par le droit.

22 / Contrairement à la signature manuscrite pour laquelle un graphisme plus ou moins compliqué reproduit le nom du signataire, la signature électronique sur laquelle nous nous arrêtons est numérique (*alphanumérique* pour les puristes), comme il se doit dans un monde informatique.

23 / La signature électronique ne présente pas le graphisme élégant de son homologue manuscrite : elle n'est qu'une suite de chiffres. C'est une signature numérique... Je préciserai ultérieurement de quels chiffres il s'agit. L'élément qui permet l'identification du signataire est fourni par un accessoire indispensable : un système cryptographique dont le point central est le *bi-clé cryptographique*. Un bi-clé comme le trousseau de clés de la vie réelle est personnel à son porteur. C'est pourquoi, comme nous le verrons plus loin, le bi-clé – notamment un de ses deux composants, la clé privée – doit rester sous le contrôle étroit du signataire.

24 / Un dernier point à signaler : la signature électronique doit posséder un lien avec le document signé. Voilà une curieuse lapalissade,

---

communication électronique. Le besoin existe dans le monde de l'écrit, mais ne pose pas de difficultés la plupart du temps, car le support papier s'altère peu pendant la communication à autrui. Cette exigence peut toutefois créer une différence de traitement entre la signature électronique et la signature manuscrite. Il y a fiabilité de la signature électronique, entre autres exigences, si l'intégrité de l'acte est garantie. Pourtant la signature manuscrite qui ne donne pas cette garantie est considérée a priori comme fiable. Cependant, le terme intégrité est indispensable en ce qui concerne la conservation qui doit présenter les meilleures garanties d'intégrité.

La solution serait peut-être une lecture différente du texte, en considérant que l'intégrité se rapporte au concept d'*acte* et non de *signature*. Il serait alors possible d'utiliser en complément de ces systèmes de signature électronique des moyens de sécurité établissant l'intégrité. À noter encore que les signatures électroniques « signent » quantités d'objets : centres serveurs, logiciels téléchargés, équipements divers. Les signatures dynamiques (graphiques) ne signent que les « documents » électroniques (par exemple, formulaires, bon de commandes sur le web ou les récépissés pour les messageries rapides type Chronopost).

(7) Malgré le soudain intérêt des juristes pour la signature électronique, abstraction faite de toute dimension juridique, l'instrument reste un excellent moyen de sécurité qui assure au mieux l'identification de l'auteur d'un message électronique et l'intégrité du message à destination. Cela suggère que de nombreux cas d'utilisation de signature électronique puissent exister en dehors du cas particulier de la reconnaissance juridique de la signature électronique. Deux exemples :

– les mesures biométriques (ADN, fond de l'œil, empruntes digitales) peuvent assurer l'authentification d'une personne sans qu'il soit question de son consentement à un acte juridique ;

– en dehors de toute dimension juridique, un centre serveur peut signer automatiquement des transactions ou certifier leur origine.

© Éditions Litec

qui à la réflexion n'en est pas une! Dans le monde de l'écrit, la signature est *apposée* sur le papier qui constitue le *support* du contenu juridique. Dans l'électronique, il n'y a plus de support. L'acte juridique prend une forme électronique et la signature qui n'est qu'un élément de ce contenu adopte la même forme. Notez que l'article nouveau 1614 du Code civil parle de *support papier* et de *forme électronique*.

2. Le procédé de signature électronique

25 / La signature manuscrite est dessinée par la main de l'homme par l'intermédiaire d'un procédé technique qui ne pose pas de problème pratique : plume d'oie ou stylo-feutre, encre de Chine ou plume trempée dans le sang comme Faust, tout est bon pour signer. Il en va autrement avec la signature électronique où le procédé technique est… électronique (8), ce qui laisse présager une certaine complexité technique. La loi envisage sans autre forme de procès la variante électronique de la signature et apporte des précisions sur la façon dont l'identification du signataire doit être réalisée :

> C. civ., art. 1316-4 : *… Lorsqu'elle est électronique, elle consiste en l'usage d'un procédé fiable d'identification garantissant son lien avec l'acte auquel elle s'attache…*

26 / On notera que le texte ne comprend nulle précision sur le consentement au contenu qu'il faut donner et qui devra être géré de façon traditionnelle, c'est-à-dire par un acte volontaire non ambigu. On notera encore que la « personnalisation » de la signature est très forte, alors que rien n'est dit sur la manière de « tracer » cette signature par un moyen matériel ou logiciel.

27 / Toute signature répond pour sa création à un véritable processus. La signature manuscrite est le résultat d'un procédé manuel,

---

(8) Le terme *électronique* employé par le Code civil est imprudent dans la mesure où il est étroit et menace le texte d'une obsolescence rapide. Comme cela avait été dit en 1994 dans le groupe juridique d'Édifrance (centre français de promotion de l'Échange de données informatisées, EDI) saisi par le ministre des PMI-PME de la loi Madelin (loi n° 94-126 du 11 février 1994 relative à l'initiative et l'entreprise individuelle). L'art. 4 prévoit la validité des déclarations transmises entre les entreprises et les administrations par *voie électronique*, pourquoi exclure des supports techniques mais non électroniques. Sans remplacer le terme « électronique », on peut aussi le définir. Le *Millenium Digital Commerce Act* américain a pour but de permettre et d'encourager l'emploi de moyens électroniques dans les relations commerciales inter-états aux USA. Il semble vouloir éviter un sens trop restrictif donné à *electronic* avec la définition suivante : *the term 'electronic' means of or relating to technology having electrical, digital, magnetic, wireless, optical, electromagnetic, or similar capabilities* (art. *Definitions* de l'Acte).

© Éditions Litec

Introduction 11

qui n'a généralement pas besoin d'être organisé. Toutefois, la signature électronique est produite par un procédé informatique d'identification qui doit se montrer « fiable ». La loi renvoie au décret en Conseil d'État pour la fixation des éléments qui concourront à la fiabilité. Cependant elle liste déjà certains des points à couvrir : « création de la signature », « assurance de l'identité du signataire » et « garantie d'intégrité ».

> *La fiabilité de ce procédé est présumée, jusqu'à preuve contraire, lorsque la signature électronique est créée, l'identité du signataire assurée et l'intégrité de l'acte garantie, dans des conditions fixées par décret en Conseil d'État.*
> *(suite de l'art. 1316-4)*

28 / Pour que la fiabilité préside à la création de la signature, il sera nécessaire que le système, matériel ou logiciel, qui trace la signature soit sûr. La sûreté est un point abordé par la directive du 13 décembre 1999 sur un cadre communautaire pour les signatures électroniques qui décrit le *dispositif sécurisé de création de la signature* (9). L'intégrité de l'acte électronique sera facilement garantie par la signature électronique qui comme moyen puissant de sécurité technique, apporte habituellement les garanties d'authentification, d'intégrité et de non-répudiation.

29 / Que comprendre d'un procédé fiable d'identification où l'identité du signataire doit être *assurée*? Comme on le verra, la signature électronique utilise des mesures cryptographiques pour garantir l'authentification : les clés privée et publique. La clé privée doit rester en possession de l'utilisateur pour signer. La clé publique devra faire l'objet de tous les soins : le destinataire du message signé s'en servira pour ouvrir et déchiffrer la signature au moment de sa vérification. Comment pratiquement la clé publique parviendra-t-elle au destinataire du message ? Si elle lui est transmise directement par le signataire de la main à la main, comment avoir confiance, comment être sûr qu'il ne s'agit pas d'une vraie fausse clé ? C'est la raison principale de l'intervention d'un témoin privilégié, le *Prestataire de service de certification* (PSC), selon les termes de la directive. Dispositif de création de signature, certificat et prestataire de service de certification, tels sont les trois concepts que doivent réguler les textes d'application de la loi.

---

(9) Des définitions de la directive, on peut tirer que le *dispositif sécurisé de création de signature électronique* (DCS) est un « dispositif logiciel ou matériel configuré pour mettre en application les données de création de signature électronique » et qui de plus, respectent les exigences techniques d'une annexe III. L'art. 2 définit ainsi les « données de création de signature électronique : données uniques, telles que des codes ou des clés cryptographiques privés, que le signataire utilise pour créer une signature électronique ».

© Éditions Litec

30 / Une première version du décret en Conseil d'État a été portée à la connaissance du public en juillet 2000 (10). Le texte restait proche de la loi tout en incorporant certaines dispositions de la directive. De façon générale, il a été reproché au décret d'être trop éloigné de la directive, en particulier en ne mentionnant pas son choix de la signature électronique avancée. Et encore, en multipliant des systèmes de contrôles qui, de toute façon, doivent rester facultatifs. Les experts ont également critiqué certaines questions passées sous silence, comme l'horodatage (11), la resignature (12) et le format des documents électroniques (13).

Le décret, en version définitive est paru le 31 mars 2001 (voir annexe n° 5).

---

(10) Innovation notable, le texte final a été précédé d'un *projet de décret* placé sur le site web du ministère de la Justice (www.justice.gouv.fr) et sur lequel chacun était invité à s'exprimer jusqu'à la mi-septembre. La consultation publique a donné lieu à plus de 150 contributions diverses dont celle du Groupe Ad Hoc (GAC-SE), formation commune aux associations Ialta France (promotion de la certification électronique, www.ialtafrance.org), présidé par l'auteur de cet ouvrage, et Édifrance (www.edifrance.org).

(11) Sur l'horodatage : dans la table ronde de novembre 1999 sur *la reconnaissance de la valeur probante du document numérique*, dans le cadre de la mission commerce électronique (*mission Lorentz*), la notion de temps était évoquée en ce qui concerne le cycle de vie des certificats (en particulier, pour la *révocation des certificats*). Certains experts estimaient nécessaire que le moment précis de la signature soit intégré dans le décret. Mais d'autres rétorquaient que la notion de temps devait être perçue de façon différente au niveau technique et au niveau légal. Au niveau légal, existe bien une notion de temps appelée « date certaine » dont l'importance est primordiale pour la passation d'actes juridiques dans certaines circonstances. Ce qui n'est pas le cas de la majorité des actes. En réalité, il y a deux échelles de temps : celle qui s'applique dans le cycle de vie des certificats et celle qui concerne les messages électroniques signés. Dans ce dernier cas, le rapprochement entre une horodatation sécurisée et une « date certaine » pourrait être nécessaire au niveau de la formation des contrats entre absents (moment de formation du contrat) ou dans les téléprocédures (déclaration administrative à faire avant une date limite).

(12) Sur la resignature : d'une part, les exigences de la sécurité semblent plaider pour une resignature si la technologie de la signature électronique subit une évolution rapide. Une resignature assurerait ainsi dans le futur la possibilité de vérifier la signature avec des moyens conformes à l'état de l'art. Mais d'autre part, une exigence supplémentaire de ce type alourdirait un dispositif qui est déjà d'une grande complexité. De plus, la signature est créée, vérifiée et signée dans une phase dite transactionnelle. Au-delà, dans la phase post-transactionnelle, il importe peu de devoir garder une signature électronique conforme à l'état le plus avancé de l'art, puisque son « efficacité » (terme de la directive) ne sera plus d'actualité après qu'elle ait validé un message électronique, qui aura lui-même produit les effets juridiques attendus.

(13) Sur le format des documents électroniques : fallait-il inclure dans le décret le format des documents électroniques ? On doit se contenter de traiter la signature et non les propriétés et caractéristiques de ce qui est signé. Et le terme de « document » n'est pas employé par la loi, c'est donc une notion non juridique. La seule notion employée par le Code civil est « l'écrit sous forme électronique ». Une forme et non un format. Si on entrait dans cette logique, à quel titre privilégier les e-mails, plutôt que l'EDI (en syntaxe UN/EDIFACT ou en XML) ?

© Éditions Litec

TITRE 1
La signature électronique : organisation et fonctionnement

31 / C'est dans la directive et dans les textes d'application de la loi française qu'on trouvera mention des éléments techniques qui composent la signature électronique. Une présentation globale est faite dans le tableau ci-dessous en prenant comme base de description les garanties d'authentification et d'intégrité rencontrées plus haut :

	Appellation juridique	Appellation technique
Intégrité	Dispositif de création de signature	Fonction de hachage dans un logiciel de signature électronique
Authentification 1er niveau : authentification simple	– Données afférentes à la création de signature – Données afférentes à la vérification de signature	Bi-clé cryptographique : – clé privée – clé publique
2e niveau : authentification renforcée	Données afférentes à la création de signature certifiée : + par un prestataire de services de certification + dans un certificat électronique	Clé publique certifiée : + par une autorité de certification + dans un certificat électronique X.509

32 / D'où le découpage suivant pour les chapitres de ce titre :

Chapitre 1 – Un procédé technique qui garantit l'intégrité de l'écrit électronique

Chapitre 2 – Un procédé technique qui assure de l'identité du signataire

© Éditions Litec

Chapitre 1 | Un procédé technique qui garantit l'intégrité de l'écrit électronique

> Lorsque [la signature] est électronique, elle consiste en l'usage d'un procédé fiable d'identification garantissant son lien avec l'acte auquel elle s'attache. La fiabilité de ce procédé est présumée, jusqu'à preuve contraire, lorsque la signature électronique est créée, l'identité du signataire assurée et **l'intégrité de l'acte garantie**, dans des conditions fixées par décret en Conseil d'État.
> Article 1316-4 (extrait) du Code civil.

33 / Le dispositif de création de signature (DCS) qui met en application une clé cryptographique privée (on le verra plus loin) est une boîte noire, une sorte de véritable « machine à signer » qui calcule le chiffre de la signature et qui l'appose, si on peut dire, sur le message électronique. Si le Code civil ne donne pas plus de détails, il n'en déclare pas moins que « l'intégrité de l'acte [doit être] garantie » (article 1316-4, 3e alinéa). On peut en comprendre que la signature chiffrée des écrits sous forme électronique doit être calculée dans de strictes conditions de sécurité qui les maintiendront intègres, *quelles que soient ... leurs modalités de transmission* (article 1316 du Code civil). Pendant la transmission, en effet, tout ou partie (la signature) du message peut être altéré, du fait des conditions techniques ou des personnes malveillantes. Le droit veut écarter ce risque potentiel.

© Éditions Litec

Section 1
LA GARANTIE D'INTÉGRITÉ

1. La rencontre de l'intégrité et du droit

34 / Avec la signature électronique comme avec l'écrit sous forme électronique de l'article 1316-1 du Code civil, on appréhende l'écrit dans un nouveau contexte : celui de son déplacement. Dans le message électronique, la signature n'est qu'une donnée parmi d'autres, contenues dans la même forme électronique, et cette forme est télétransmise. À cause de leur nature même, les formes électroniques sont fragiles et « déformables ». À l'arrivée, le message ne sera peut-être pas identique à celui qui a été envoyé, car les risques sont nombreux dans la jungle des autoroutes de l'information, comme Internet où sévissent les aléas techniques et où encore sont tapis des cyberbandits de tout acabit. Devant ces risques potentiels, les utilisateurs demandent à la sécurité de garantir l'intégrité des messages.

35 / *Intégrité*, le terme est peu usité en droit, voir par exemple l'intégrité du territoire national dans la Constitution. Ainsi la plupart du temps, « intègre » a son sens habituel d'*honnête*, comme l'est un *homme intègre* par exemple. En technique, *intègre* qualifie l'état d'un objet qui n'a pas été modifié, intentionnellement ou non, par rapport à un état antérieur. Dans la signature électronique, la question de l'intégrité est posée parce qu'il y a transmission électronique. La transmission présente des risques de pollution des messages ou des fichiers transmis, ce qui explique le contrôle de « bon état » à l'arrivée. L'introduction de la notion d'intégrité dans le Code civil à propos de la signature et de l'écrit électronique est une innovation (1), je l'ai dit, ce qui ne va pas sans poser quelques difficultés industrielles dans la mesure où l'exigence de garantie peut exclure certaines variétés de signature (2).

---

(1) On trouve pourtant dans le droit des contrats, sans que le terme soit employé, une application particulière de l'intégrité mettant en œuvre une forme « dégradée » de la signature : les *paraphes* sur les pages dans les contrats. Dans les contrats complexes ou longs, les parties ont coutume de porter leur signature ou leur paraphe en marge de chaque page. Le paraphe est seul si les parties sont d'accord sur le contenu de la page. Dans le cas contraire, le paraphe est accompagné d'une mention indiquant le nombre de mots ou de phrases supprimés ou ajoutés. C'est bien un contrôle d'intégrité du document qui ne retire rien à la signature finale du contrat par les parties en dernière page.

(2) La signature électronique du droit ne vise qu'une technologie de signature, la *signature numérique,* et en élimine une autre, la *signature dynamique*. La signature dynamique recouvre ce qu'on appelait autrefois la signature graphique, où les aspects graphiques sont renforcés par des éléments personnels au signataire lors du traçage de la

2. L'intégrité mise en œuvre par le calcul du condensé

36 / La signature numérique garantit que le message électronique à destination n'a pas été pollué pendant l'échange. Comment cela est-il possible ? La signature numérique procède de la façon suivante. Elle ne prend pas en compte le tracé plus ou moins artistique du nom du signataire, mais une valeur numérique. Par exemple et au hasard, le logiciel spécialisé de monsieur Robert Lémetteur lui affecte une signature du type « 123XYZ ».

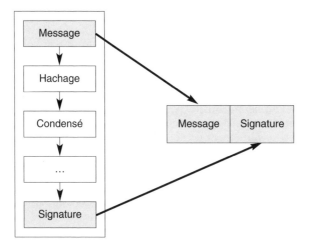

37 / Mais comment la signature est-elle calculée ? Là est toute l'originalité : la chaîne alphanumérique est constituée à partir du contenu même du message. Le logiciel réalise ce qu'on appelle un *condensé* numérique. Il emploie pour cela un algorithme spécialisé qui condense le texte dans une chaîne alphanumérique de longueur fixe, quelle que soit la longueur du texte traité. L'analogie la plus proche est

---

signature, comme la pression exercée sur le support et l'accélération dans les mouvements de la main. La signature électronique numérique va bien avec l'EDI, c'est son origine. Mais il n'y a rien de plus parlant à l'esprit que la signature électronique dynamique qui vient s'insérer dans un bon de commande à l'écran dans une transaction de commerce électronique sur le web. L'élément qui traduit la priorité accordée par le projet à la signature numérique est l'*intégrité*. La signature numérique présente un lien puissant avec le texte signé ; la signature dynamique, pas vraiment ! La technologie des signatures dynamiques est donc écartée du domaine légal à moins que les fournisseurs et les utilisateurs n'apportent l'intégrité par des moyens de sécurité complémentaires.

© Éditions Litec

le système de preuve par neuf qu'on nous enseignait à l'école pour vérifier le résultat de nos opérations. Quelle que soit la longueur des opérandes et des opérateurs, le système de la preuve par neuf permet de ramener le nombre à un chiffre unique. Il en est de même pour la signature numérique. On découvre ici une caractéristique de la signature électronique que la signature manuscrite ne connaît pas : la signature électronique est unique pour un message particulier, puisqu'elle est calculée à partir du contenu même du message!

38 / Même si la législation française ne le précise pas, il est préférable d'employer ce que j'ai décrit plus haut comme la *signature numérique*. N'oublions pas que la signature électronique « consiste en l'usage d'un procédé fiable d'identification garantissant son lien avec l'acte auquel elle s'attache » (article 1316-4 du Code civil). Quel meilleur lien peut-il exister lorsque la signature est le condensé du texte à signer?

39 / Robert Lémetteur a désormais une signature électronique dont la valeur numérique est incluse dans le message. Ce serait parfait, si ce n'est que n'importe quelle personne mal intentionnée pourrait lui « emprunter » sa signature, en lui empruntant par la même occasion son message. Le chiffrement de la signature permettra d'éviter ce risque.

Section 2
UN MOYEN SOUS LE CONTRÔLE DIRECT DU SIGNATAIRE

40 / Convenons tout d'abord que la machine à signer est un logiciel, bien qu'elle puisse tout aussi bien reposer dans un matériel ou un assemblage des deux. Dans la suite de cet ouvrage, je parlerai de logiciel à signer, mais on ne peut pas exclure les autres formes et produits du marché.

41 / Le logiciel à signer repose sur le poste du signataire. Dans le monde réel, on peut dérober la machine à signer du signataire puisqu'il s'agit d'un stylo plume ou d'un stylo bille. On peut bien soustraire à son légitime propriétaire le stylo, mais cela ne garantit pas qu'on pourra lui faire dessiner la signature pour autant (3). La chose est différente pour le logiciel à signer, quiconque se sert du poste de

---

(3) Cette réflexion n'est pas si stupide qu'on pourrait le penser. Puisque avant la vogue de la signature dans l'histoire, les puissants employaient pour signer un sceau qu'on pouvait leur dérober!

© Éditions Litec

l'utilisateur derrière son dos pourra mettre en œuvre la machine à signer. Même si le bi-clé est généré par le même logiciel ou par la même occasion, on en tirera un vrai faux bi-clé, c'est-à-dire le bi-clé sera régulier et valide, mais il ne correspondra pas à la personne attendue.

42 / Si n'importe qui peut procéder à la signature électronique d'un message électronique (par exemple pour en assurer la sécurité technique), seul l'auteur intellectuel du message est en droit de le signer. La mise en route de la machine à signer doit être ainsi organisée chez l'émetteur de messages et son DCS doit garantir que «la signature électronique est liée uniquement au signataire», comme l'exige la directive.

43 / Aussi le logiciel à signer ne sera-t-il activé que par la fourniture d'un code d'accès propre à son utilisateur légitime. Naturellement, il faudra se garder d'une pratique bien souvent dénoncée pour les codes d'accès : leur inscription sur un post-it collé sur l'écran d'ordinateur! Pour un supplément de sécurité, tout le système de signature pourra être activé par la fourniture d'une carte à puce supposant un numéro d'identification et un code d'accès. La carte à puce permet grâce à l'intelligence du microprocesseur intégré de faire quelques traitements de reconnaissance et de sécurité. À condition toujours de ne pas laisser le code d'accès traîner n'importe où… On pourra retrouver cette carte à puce à diverses occasions : on peut y stocker la clé privée, une fois le bi-clé tiré et un ou plusieurs certificats électroniques.

© Éditions Litec

Chapitre 2 | Un procédé technique qui assure de l'identité du signataire

44 / La première caractéristique juridique de la signature est d'identifier le destinataire, comme le Code civil le rappelle :

> Art. 1316-4. – *La signature nécessaire à la perfection d'un acte juridique identifie celui qui l'appose.*

Quel moyen technique utiliser pour aboutir à ce résultat?

Section 1
COMMENT GARANTIR L'IDENTIFICATION ?

1. Généralités sur la cryptographie

45 / Quels sont les éléments qui permettent d'identifier le signataire dans le monde de l'écrit-papier? Dans la plupart des cas, le nom contenu dans le dessin de la signature apporte une première certitude. Mais comme nous l'avons dit plus haut, il n'y a pas de dessin dans la signature électronique. Elle n'est qu'une donnée constituée non pas du nom du signataire, mais du condensé du message. Bref, la signature électronique donne une idée du message signé mais pas de son signataire! Force est de se baser sur d'autres éléments pour indiquer l'identification. Ces éléments sont cryptographiques et reposent sur des algorithmes difficiles mettant en jeu des fonctions mathématiques complexes. Pour tenter une comparaison, c'est comme si l'identification du signataire d'un écrit-papier reposait dans l'utilisation d'un stylo très très personnel! Comme on le voit, il n'y a pas de commune mesure entre l'identification selon la signature manuscrite et l'identification selon la signature électronique.

■ La cryptographie et la signature électronique

46 / Le droit exige une pratique très sécuritaire de la cryptographie et un contrôle de chaque instant de l'utilisateur sur ces moyens cryptographiques. La pratique doit répondre parfaitement à la directive qui indique que la signature électronique avancée doit *être créée par des moyens que le signataire puisse garder sous son contrôle exclusif*. Pourquoi tant d'attention? Parce que la cryptographie garantit son identification.

47 / La signature peut être apposée sur un message électronique, transmise au destinataire prévu et reconnue par ce dernier. Mais quelle est la garantie, pour le destinataire que personne n'a pas usurpé cette signature? Il est facile de capturer la chaîne alphanumérique «123XYZ», alors que la reproduction de la signature manuscrite nécessite parfois chez le fraudeur une véritable vocation artistique! Pour éviter la perte de confiance, on chiffre la signature par des moyens cryptographiques afin de la rendre illisible.

48 / Prenons le temps de quelques explications sur la cryptographie. La cryptographie est un art vieux comme le monde. Tout chef de guerre a toujours donné ses instructions à ses lieutenants dans un jargon incompréhensible. Le risque était limité si le messager était capturé et le message parvenu entre les mains de l'ennemi. Naturellement, pour être lisible par son destinataire naturel, émetteur et destinataire doivent partager un même *secret*. Le secret porte d'abord sur le procédé cryptographique, puis sur la clé. Par exemple, si on décide de choisir comme procédé cryptographique l'usage d'une langue qui ne soit pas la langue naturelle des deux locuteurs, la clé consiste à s'entendre sur la langue. On se rappelle le cas des messages échangés par radio sur certains champs de bataille par les armées américaines pendant la Seconde Guerre mondiale. L'ennemi s'est longtemps demandé si la langue utilisée était une langue artificielle. Il s'agissait en réalité de navajo parlé aux États-Unis par quelques milliers d'individus tout au plus. Un exemple sommaire et rebattu, le lecteur nous le pardonnera, explique la notion de clé.

49 / Un des procédés les plus anciens de chiffrement est sans conteste le décalage alphabétique.

© Éditions Litec

```
        A B C D E F G H I J K.....  alphabet habituel
           A B C D E F G H....      transformation
              ^                     cryptographique
           1 2 3                    valeur du décalage : 3
```
Dans cet exemple, le procédé cryptographique est le décalage alphabétique et la clé est 3.

50 / Pour en revenir à notre signature électronique, notre signature « 123XYZ » deviendra « AB?&2àç0 » ou autre chose, par la grâce d'un système cryptographique. Le destinataire du message devra déchiffrer la signature avant de pouvoir l'apprécier. Il pourra le faire si, comme on dit dans le jargon cryptographique, il partage un secret commun avec le signataire, la clé.

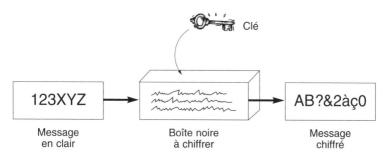

51 / Mais précisons les choses, la clé doit être propre au signataire qui la partagera avec le (ou les) destinataire(s). Pour partager la clé, le signataire devra la transmettre au destinataire. D'où un nouveau risque pour la confiance parce que la clé peut être détournée, falsifiée ou modifiée pendant l'acheminement. C'est le reproche qu'on adresse le plus souvent aux systèmes cryptographiques dits symétriques dont la clé secrète (unique) doit voyager d'un utilisateur à l'autre.

52 / Aussi des procédés cryptographiques dits asymétriques mettent en jeu deux clés de nature et d'utilisation complémentaires : la clé privée et la clé publique. On parle même de bi-clé pour mettre en évidence la complémentarité mathématique qui unit ces deux clés. Les deux clés sont obtenues lors d'une opération appelée *tirage du bi-clé* à partir d'algorithme de calcul sur les nombres premiers. La singularité du système est la suivante : en possession d'une des clés, il est impossible d'en déduire la valeur de la seconde.

53 / Par contre, ce que fait une des clés, l'autre peut le défaire. Ainsi ce qui est chiffré par la clé privée peut être déchiffré par la clé publique. Et réciproquement!

© Éditions Litec

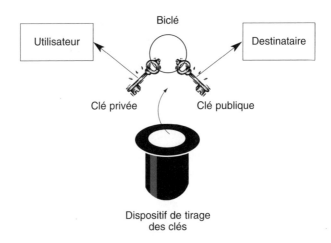

▪ *La manipulation du biclé*

54 / Il reste donc à faire comme indiqué plus haut : transmettre la clé publique du signataire au destinataire. Et peu nous chaut que cette clé soit capturée par quelqu'un qui n'est pas invité dans l'échange électronique (1) ! D'autre part, cette clé est dite *publique* donc à la disposition de tous. Ainsi on a évité le risque que la clé tombe entre des mains non autorisées pendant son acheminement. Mais en mettant en place cette parade, on crée immédiatement un risque : celui de la *vraie fausse clé*.

55 / En effet, il apparaît un risque d'usurpation d'identité. Soit M. Escroc qui veut se faire passer pour M. Martin. Il crée un message sous le nom de M. Martin, il procède au tirage du bi-clé, il signe, puis il chiffre la signature avec la clé privée Martin. Il lui suffit d'envoyer le message signé Martin avec la clé publique Martin à M. Gogo. Celui-

---

(1) Cette formulation peut choquer le lecteur. Mais ce qui est ici recherché, c'est la faculté d'identifier de façon efficace le signataire... quitte à ce qu'il soit lu par une personne non autorisée. L'accès non autorisé se garantit par le chiffrement de l'ensemble du message et non par la signature. Le chiffrement du message utilise aussi un bi-clé cryptographique, en général différent du bi-clé de signature, l'utilisation des clés est l'inverse de celui de la signature. Lorsque Alain veut envoyer un message à Zoé, il chiffre son message à l'aide de la CLÉ PUBLIQUE DE ZOÉ puis le lui transmet. À destination, Zoé seule peut déchiffrer le message qui a été chiffré à son intention grâce à sa clé privée (complémentaire de la clé publique utilisée pour le chiffrement). Dans la pratique, signature du message et chiffrement du message peuvent s'employer indépendamment ou cumulativement.

© Éditions Litec

ci au moyen de la clé publique déchiffre puis vérifie la signature Martin. En toute confiance, il se pense destinataire d'un message de Martin qui lui aura été envoyé en réalité par M. Escroc ! La parade existe, j'en parle un peu plus loin.

56 / Autre danger, proche du signataire cette fois : quelqu'un peut faire jouer le dispositif de tirage de clés ou utiliser la clé privée du titulaire, pendant que ce dernier a le dos tourné. La parade consiste à protéger l'accès au dispositif.

57 / Au total, le système du biclé cryptographique à cause de la répartition fonctionnelle de ces deux composants est un élément d'identification puissant des individus. À condition que l'individu en question le garde sous son contrôle unique. Comme on l'a vu, il importe de se prémunir, en quelque sorte en deçà et au-delà :
– Le dispositif de tirage du biclé ou la clé privée doit être rendu inaccessible aux personnes indélicates. Certes le dispositif de tirage, la plupart du temps un logiciel, possède un code d'accès. Mais il faut, comme d'habitude, résister à la tentation de mentionner le code d'accès sur un post-it collé sur l'écran de l'ordinateur ! Mieux, le dispositif ne sera accessible que sous le contrôle d'une carte à puce. Encore un code d'accès à gérer, mais avec l'obligation, de surcroît, de présenter la carte. Voilà comment gérer le risque, un risque placé toutefois sous la responsabilité pleine et entière du détenteur du biclé.
– Une garantie forte doit être donnée que le nom du titulaire ne soit pas usurpé. Il s'agit d'un risque important sur lequel le détenteur du biclé n'a pas de prise. La parade fait appel à un *certificateur*. Il s'agit d'un intermédiaire prestataire de services qui garantit que le porteur de la clé publique est bien celui qu'il dit être. À cette fin, la pratique la plus sûre consistera à ce que le détenteur de la clé se présente personnellement avec sa clé publique et ses papiers d'identité. Ainsi le certificateur est-il en mesure de constater par un certificat électronique que le détenteur de la clé publique de Martin est bien Martin. Le destinataire de message signé en mal de la clé publique de l'auteur du message pourra se procurer facilement par diverses sources le certificat électronique qui comprend la clé publique recherchée et l'identité de son détenteur, attesté par le certificateur sous sa propre responsabilité.

58 / Avec ces précautions, le bi-clé reste bien un moyen d'authentification technique de première importance. Les techniciens l'utilisent quand bien même il ne serait question d'authentification de machines et de ressources matérielles. Le législateur a fait le même raisonnement lorsqu'il a reconnu la valeur primordiale du biclé en le baptisant « procédé d'identification ». Le risque d'usurpation d'identité est important ; aussi les textes d'application font-ils obligation de

© Éditions Litec

recourir à un certificateur. Ce qui n'oblige pas à employer une carte à puce pour la clé privée et qui n'empêche pas les projets en développement de faire appel à cette carte de plus en plus systématiquement.

2. Cryptographie et signature

59 / Appliquons la cryptographie au cas de la signature :

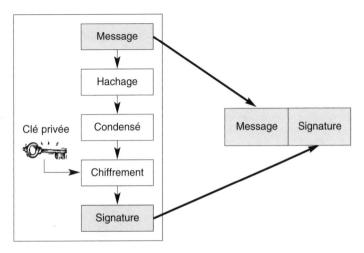

60 / On se rappelle que la garantie d'intégrité repose sur le calcul d'un condensé du message. Ce qui répond parfaitement à l'exigence de la directive : « La signature électronique lie les données auxquelles elle se rapporte de telle sorte que toute modification ultérieure de celles-ci soit détectable. » Naturellement, c'est ce condensé qui est chiffré par l'algorithme cryptographique. La signature numérique est en pratique un « condensé chiffré » du message !

61 / À destination, l'utilisateur en possession du message signé aura besoin de la seconde clé, la clé publique, pour déchiffrer la signature. La clé publique ne peut servir qu'à déchiffrer la signature. Si on la capture indûment, le risque est nul puisqu'en possession de la clé publique de M. Martin, on ne peut que déchiffrer la signature de M. Martin. On ne peut pas signer à sa place un vrai faux message, puisque dans ce cas, on aurait besoin de la clé privée de M. Martin.

Section 2

COMMENT ASSURER L'IDENTITÉ DU SIGNATAIRE ?

62 / Qu'on ne s'y trompe pas dans la signature électronique du Code civil, l'identification doit être renforcée. L'alinéa 4 de l'article 1316 du Code civil le suggère, lorsqu'il déclare :

> *La fiabilité de ce procédé est présumée, jusqu'à preuve contraire, lorsque la signature électronique est créée, **l'identité du signataire assurée** et l'intégrité de l'acte garantie, dans des conditions fixées par décret en Conseil d'État.*

63 / Faute de l'avoir compris, le plaideur de ce qui est peut-être la première jurisprudence française sur la signature électronique l'a appris à ses dépens. Il s'agit de l'arrêt du 20 octobre 2000 de la cour d'appel de Besançon, *Sarl Chalets Boisson c/ Bernard G*. Cette affaire ne nous touche qu'en partie car elle vise des faits intervenant avant la loi du 13 mars 2000 et une signature graphique. Mais certains attendus sont à retenir :

> *… En conséquence, les dispositions de ce texte sont inapplicables en l'espèce d'autant plus que le décret destiné à préciser les conditions de la fiabilité d'identification de la personne qui appose la signature n'est pas encore paru à la date des débats devant la cour.*
>
> *Partant, la cour n'est pas en mesure d'apprécier le degré de fiabilité du processus décrit par l'appelante au regard d'un texte dont la parution est attendue.*
>
> *La fiabilité du procédé utilisé en l'espèce par l'avocat est au demeurant toute relative dans la mesure où le code permettant d'accéder à la signature peut être détenu par une autre personne du cabinet.*
>
> *L'identification de la personne ayant recours à la signature informatique est dès lors très incertaine.*

64 / L'identification doit absolument correspondre à celle de la personne, auteur intellectuel selon le droit. Comment apprécier techniquement cette subtilité ? Comment concrètement faire contrôler que la clé publique est bien celle du détenteur prétendu ? Comment éviter qu'une personne mal intentionnée exhibe une clé publique qui n'est pas la sienne ? En la faisant certifier par une tierce partie de confiance !

© Éditions Litec

1. Notion de certificat électronique

65 / L'identification du signataire est la vertu dominante de tout type de signature. Or il faut bien prendre conscience de la nature du composant technique qui permet cette identification, le bi-clé cryptographique, que la loi appelle dispositif de création de signature. Certes, la loi indique que le dispositif doit être conservé par le signataire sous son contrôle personnel. Mais comment peut-on être certain qu'un bi-clé n'est pas tiré frauduleusement au nom du signataire, d'autant plus que cette manœuvre peut être réalisée régulièrement (2) pour le compte du signataire ? Par la suite, le signataire va garder sa clé privée par-devers lui et se disposera à transmettre sa clé publique à qui la lui demandera. Aussi comprendra-t-on que le destinataire d'un message signé peut avoir des doutes légitimes sur l'identité du propriétaire de la clé publique transmise. La vérification de la signature peut lui donner un résultat positif, mais qui ne lui garantira *in fine* qu'une chose : la clé publique correspond bien à la clé privée qui a servi à signer. Comment peut-il avoir confiance sans certitude que le détenteur du bi-clé est bien celui dont l'identité est apparente, par exemple en tête du message ?

66 / Le certificat électronique est employé pour donner cette certitude. Il s'agit d'un message électronique spécialisé par lequel un témoin privilégié, le certificateur qui sera décrit plus loin, contrôle la concordance et l'adéquation entre l'identité du signataire et la clé publique. L'intervention du certificat est suggérée par la réforme du printemps 2000, lorsque l'article 1316-1 dit que la personne puisse être *dûment* identifiée et lorsque l'article 1316-4 ajoute que l'identité du signataire soit *assurée*.

67 / Cet aspect d'identification est très recherché dans les échanges électroniques, ce qui explique que le certificat est la réponse la plus classique à ce besoin et qu'on le trouve largement répandu, attaché aux logiciels internet du marché (3) (on le verra particulièrement dans une annexe de cet ouvrage). Ainsi le certificat est utilisé dans des systèmes de signature électronique sans finalité juridique et quelquefois hors de tout contexte de signature (4).

---

(2) Pour faire le tour de la question, qui peut tirer le bi-clé ? Le signataire lui-même, mais également pour son compte le certificateur, l'autorité d'enregistrement (voir plus loin, cette notion) ou encore une autre entité à préciser. Le choix dépend du type de système et du type d'application visés.

(3) *Internet Explorer* et *Outlook*, d'une part, et *Communicator et Messenger*, d'autre part, pour ne citer que les plus répandus, intègrent les certificats électroniques. On peut le vérifier dans les menus « sécurité » et « aide » des logiciels.

(4) Prenons un exemple en dehors de la sphère du droit. Sans citer de nom, même les logiciels les plus courants présentent des bugs plus ou moins connus. Pour remédier

Intégrité et qualité du certificat
par la signature de l'autorité

68 / Le certificat électronique a une structure interne définie par une norme internationale nommée *Recommandation X.509 v.3* de l'Union internationale des télécommunications. Cette norme a été reprise et développée par l'organisation de normalisation du monde internet, l'*Internet Engineering Task Force* (IETF) qui a décliné la norme des certificats pour l'appliquer à la technologie de signature numérique (sécurité des échanges électroniques) et a développé le concept d'*Infrastructure à clés publiques* (5). Le certificat électronique possède un véritable *cycle de vie* qui comprend des étapes successives de demande de certificat, émission de certificat, suspension ou révocation de certificat. Toutes ces étapes demandent à être précisées pour des processus de certification un peu complexes.

69 / Sous l'angle de la dynamique de la certification, l'utilisateur au lieu d'envoyer sa clé publique directement au destinataire, la transmet au certificateur. Ce dernier après un certain nombre de vérifications, portant la plupart du temps sur l'identité du détenteur et l'existence d'une clé privée correspondante, est en mesure de la garantir. La garantie se concrétise par la confection puis par l'émission d'un certificat électronique, contenant au milieu de données de service, la clé publique et le nom de son détenteur. Ainsi le destinataire en possession du certificat est en mesure d'en extraire la clé publique et

---

aux bugs, l'éditeur du logiciel met à la disposition de ses clients, on line, des *patches* (*rustines*) de corrections. Mais comment être sûr qu'un patch provient bien de l'éditeur et qu'il n'a pas été généré par un fraudeur qui propose un Cheval de Troyes lui permettant d'accéder à votre système? Par un certificat électronique qui garantit l'origine du patch (l'éditeur du logiciel). Il y a aussi des certificats pour certains utilitaires qu'on trouve sur les CD gratuits qui accompagnent les revues de la presse spécialisée.

(5) Le concept d'*Infrastructure à clé publique* (ICP) sera mentionné quelquefois dans cet ouvrage mais n'y sera pas développé. C'est le fil conducteur de notre tome II. L'ICP est le modèle global qui lie les utilisateurs de messages électroniques signés, le ou les certificateur(s), les modalités de tirage des clés, la fonction d'enregistrement, les fonctions de chiffrement des messages, etc.

© Éditions Litec

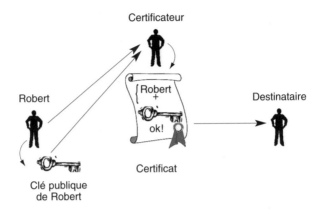

de s'en servir pour déverrouiller (déchiffrer) la signature, ce qui lui permettra de la vérifier. Grâce au certificat, le destinataire peut avoir confiance dans la clé publique : cette clé correspond assurément à la clé privée qui a permis au signataire identifié de signer le message électronique. Dans le concret, le certificat est valable pour une certaine durée de temps. Pendant cette période, il sera inutile de recharger un certificat à chaque réception d'un message signé.

70 / Mais qu'est-ce qui prouve que le certificat provient bien d'un tiers de confiance ? Après tout, le faussaire qui aurait créé un bi-clé au nom d'un autre que lui-même pourrait aussi se fabriquer un vrai-faux certificat pour conforter son méfait. La réponse à cette objection réside dans... la signature du certificat. En effet, le message électronique du certificat comporte également la signature du tiers certificateur. En cas de doute, on peut toujours obtenir (par exemple, sur son site web) le certificat électronique du certificateur, récupérer sa clé publique et vérifier ainsi la signature du certificateur, qui authentifie par cette procédure le certificat.

2. Statut juridique du certificat

71 / La directive européenne avait déjà prévu l'utilisation d'un certificat en support de la signature électronique (6). La loi du 13 mars

---

(6) Rappel : pour la directive, la finalité juridique (c.-à-d. la signature apposée sur un acte juridique sous-seing privé dématérialisé) repose sur l'emploi de signatures électroniques *avancées* basées sur un *certificat qualifié*. Le certificat est défini de la façon suivante par la directive (art. 2) : «certificat», *une attestation électronique qui lie*

2000 y avait fait référence implicitement et ce sont les textes d'application qui donneront les précisions indispensables. En effet, la Recommandation X.509 définit la structure possible du certificat, mais en laissant chaque utilisateur libre des rubriques à renseigner et des contenus qu'il va y placer. À titre d'explications, on peut dire que le certificat se présente comme un formulaire à remplir et dont le remplissage de toutes les cases n'est pas obligatoire.

72 / Le droit doit évidemment rendre certaines de ces rubriques et leurs contenus obligatoires compte tenu de la finalité juridique poursuivie pour la signature. L'article 6 du projet de décret qui reprend l'annexe II de la directive liste les exigences applicables aux certificats en termes d'informations à inclure. Le certificat doit comporter les informations suivantes :

a) l'identification du prestataire de service de certification, ainsi que l'État dans lequel il est établi ;

b) le nom du signataire ou un pseudonyme qui doit alors être identifié comme tel ;

c) le cas échéant, une qualité spécifique du signataire, en fonction de l'usage auquel le certificat est destiné ;

d) la clé publique qui correspond à la clé privée placée sous le contrôle du signataire ;

e) l'indication du début et de la fin de la période de validité du certificat ;

f) le numéro de série du certificat ;

g) la signature électronique du prestataire de service de certification électronique qui délivre le certificat ;

h) les limites à l'utilisation du certificat, le cas échéant ;

i) les limites à la valeur des transactions pour lesquelles le certificat peut être utilisé, le cas échéant.

73 / On retrouvera naturellement dans le contenu obligatoire du certificat la clé publique du signataire (d) ainsi que le nom (a) et la

---

des données afférentes à la vérification de signature à une personne et confirme l'identité de cette personne.

En mentionnant dans la définition des données afférentes à la création de signature la mise en application de clés cryptographiques privées, la directive sous-entend l'intervention à un moment ou un autre d'une clé publique qui est désignée par la périphrase suivante : «données afférentes à la vérification de signature», *des données, telles que des codes ou des clés cryptographiques publiques, qui sont utilisées pour vérifier la signature électronique.* Pour concourir aux effets juridiques finaux, le certificat doit répondre à des spécifications renforcées : «certificat qualifié», *un certificat qui satisfait aux exigences visées à l'annexe I et qui est fourni par un prestataire de service de certification satisfaisant aux exigences visées à l'annexe II.*

© Éditions Litec

signature électronique (g) du certificateur (7), répondant au doux nom de «prestataire de service de certification» (cf. *infra*). On peut ajouter en cas de besoin une qualité spécifique du signataire (c), ce qui peut avoir un rapport avec la *fonction d'enregistrement* (cf. *infra*). À noter, ce qui peut être une source d'étonnement pour certains, la possibilité d'employer un pseudonyme pour le signataire (8). Enfin le certificat dispose d'une certaine durée de vie (9), en général un à deux ans (10).

---

(7) Toute l'identification de la personne repose dans la clé publique... certifiée. Encore faut-il que le certificat provienne sans altération possible du certificateur. Voilà pourquoi le certificat est à son tour signé par la signature du certificateur. L'ultime question de sécurité en ce domaine devient : comment suis-je sûr qu'il s'agit bien d'un certificateur? D'abord, le certificateur doit être connu, avoir pignon sur rue. Il peut également être connu des services de contrôle de l'État (voir chapitre suivant) ou encore voir ces certificats certifiés par d'autres certificateurs (on parle de *certification croisée*)!

(8) Pour l'établissement de l'identité d'une personne dans un échange électronique, l'identité de type état civil n'est pas toujours (pas souvent) requise. Ce qui compte c'est de garantir le lien entre le message et son auteur. Et pour désigner un auteur, le plus simple est de le désigner sous un nom, même d'emprunt... L'identité exacte d'une personne n'est pas un élément essentiel du processus contractuel, en tout cas pour les contrats les plus courants. Les achats dans les boutiques des commerçants se rattachent aux contrats de vente qui sont régulièrement formés et exécutés sans qu'on ait nécessairement besoin de décliner son identité.

J'ajouterai à cela que la signature si elle identifie un signataire (surtout en présence du destinataire!) ne donne aucune assurance sur son état civil.

Il en est de même pour l'identification dans la technique. L'identification consiste à donner un «nom distinctif» (terme technique) à une ressource technique qu'on aurait du mal à repérer parmi d'autres, l'authentification consistant en des moyens et procédures pour mettre en œuvre cette identification. Si la ressource technique est en définitive humaine, on n'a pas ici non plus une certitude dans son état civil...

(9) Il s'agit bien de la durée de validité du certificat et non de la date de la signature ou de la date du message signé. Pour reprendre l'exemple des logiciels dans les CD des revues du commerce, bien souvent compte tenu des délais de pressage des CD et de la date de mise en vente de la revue, les certificats sont périmés. De trois choses l'une :

– ou on annule la procédure d'installation puisqu'on n'a plus l'assurance que l'émetteur du patch est bien celui qu'il dit être;

– ou bien, on vit dangereusement et on passe outre;

– ou enfin, on se connecte chez le certificateur, pour vérifier si le certificat n'aurait pas été renouvelé.

(10) Il faut signaler que divers faits peuvent remettre en cause la validité du certificat, depuis ce qu'on appelle la *compromission de la clé privée* (si la clé privée est dérobée ou copiée, il faut naturellement invalider immédiatement la clé publique, donc le certificat), jusqu'au défaut de paiement des services du certificateur! Dans ces cas, le certificat est *révoqué*. En cas de doute ou pour confirmation, on peut se reporter à une *Liste des certificats révoqués*, généralement accessible en ligne.

© Éditions Litec

3. Conformité du certificat aux dispositions de la directive

74 / Voici donc les utilisateurs, aussi bien le titulaire du certificat que son bénéficiaire, face à la difficulté technique de devoir apprécier la conformité des certificats aux exigences de l'*annexe I : exigences concernant les certificats qualifiés* de la directive. Je signalerais cependant que les utilisateurs peuvent faire partie d'une communauté organisée et en particulier, avoir constitué une *Infrastructure à clés publiques*. Dans cette circonstance comme le préconise la Recommandation X.509, ils auront établi une liste de spécifications techniques pour la certification appelée *Politique de certification* qui entre autres choses, aura fixé les exigences à atteindre pour les certificats (11).

75 / Quoi qu'il en soit, les utilisateurs pourront sans doute se reposer sur les services de l'État, par exemple le SCSSI du Premier ministre (12). En effet, une disposition de l'article 3.3 *de la directive, relative à l'accès au marché* semble permettre un système de contrôle : « Chaque État membre veille à instaurer un système adéquat permettant de contrôler des prestataires de services de certifications

---

(11) Le contenu d'une « Politique de certification » ou « Certificate Policy (CP) » porte sur :
– le cycle de vie des certificats : demande de certificat, obtention de certificat, utilisation, suspension, révocation, expiration,
– le tirage de la clé privée et de la clé publique,
– l'enregistrement des porteurs de certificats.
La PC constitue un véritable « cahier des charges » en matière de certification qui s'oppose à un autre document rédigé par le certificateur, la Déclaration des pratiques de certification (DPC), sa réponse concrète aux besoins exprimés dans la PC. On peut trouver une PC en accès libre sur le site du ministère des Finances et de l'Industrie :
http//:www.industrie.gouv.fr
(12) Par exemple, l'art. 7-II du projet de décret de l'été 2000 précisait dans quelles circonstances un contrôle, ni obligatoire ni systématique, serait effectué : c'est au moment de la déclaration de fourniture de moyens ou de prestations cryptographiques, comme le prévoit la réglementation sur la cryptographie que le prestataire de service de certification préciserait s'il entend se placer dans les conditions de l'art. 6 du projet. Rappelons que l'art. 28 de la loi de réforme des télécommunications de 1990 modifiée a posé en principe la liberté d'emploi de la cryptographie pour garantir l'intégrité et l'authentification des échanges électroniques. La cryptographie pour garantir la confidentialité des échanges est au contraire strictement encadrée. L'utilisation de moyens cryptographiques pour la signature exonère l'utilisateur de formalités déclaratives. Ce qui n'est pas le cas du certificateur qui, lui, se livre à la *fourniture* de moyens et de prestations cryptographiques en délivrant les certificats.
Mais que subsistera-t-il de cette disposition lorsque la prochaine grande loi du domaine, la loi sur la société de l'information (LSI), procédera à une libéralisation quasi totale de la cryptographie ?

© Éditions Litec

établies sur son territoire et délivrant des certificats qualifiés au public.» Cette disposition complète ce qui est déjà prévu dans l'article 3.2. de la directive relativement à l'instauration des *régimes volontaires d'accréditation* par les États membres dont se chargera le ministre des Finances, en plus de sa procédure de *référencement* (13).

---

(13) Lorsque le ministère des Finances se présente comme destinataire des messages électroniques signés envoyés par les entreprises (téléprocédures), il fixe lui-même un contenu obligatoire pour les certificats. Tout certificateur peut alors faire *référencer ses certificats*.
Le décret d'application de la loi procédant à une habile correction de terminologie parlera plutôt de prestataires de services de certification «qualifiée» (cf. annexe n° 5).

© Éditions Litec

Chapitre 3 | Les modalités selon lesquelles est créée la signature électronique

> Lorsque [la signature] est électronique, elle consiste en l'usage d'un procédé fiable d'identification garantissant son lien avec l'acte auquel elle s'attache. La fiabilité de ce procédé est présumée, jusqu'à preuve contraire, lorsque **la signature électronique est créée**, l'identité du signataire assurée et l'intégrité de l'acte garantie, dans des conditions fixées par décret en Conseil d'État.
> Article 1316-4 (extrait) du Code civil.

Section 1
LES EXIGENCES JURIDIQUES

76 / Comme on a pu le voir dans les illustrations des pages précédentes, la signature est réalisée par une sorte de boîte noire. Cette boîte noire comprend un algorithme chargé de la fonction de hachage et doit recevoir une clé privée pour ensuite chiffrer le condensé issu de la fonction de hachage.

77 / Le droit ne se suffit pas de l'existence de cette boîte noire dont la nature est à préciser dans le concret : matériel, logiciel ou équipement faisant appel à l'un et à l'autre. Le droit peut bien intégrer directement dans le contexte juridique la prestation de certification qui est au niveau technique nettement différenciée. Il doit encore porter toute son attention à la boîte noire qui, chargée de la fonction de hachage, va assurer au niveau juridique comme au niveau technique, l'intégrité.

78 / Le droit va employer la périphrase de *dispositif de création de signature (DCS)*. La directive définit dans son article 2 (5) le concept qui sera repris par le droit français. C'est *un dispositif logiciel ou matériel configuré pour mettre en application les données afférentes à la création de signature,* c'est-à-dire la clé privée. Pour donner au DCS une dimension pleinement juridique (signature avancée), le DCS doit devenir un *dispositif sécurisé de création de signature.* Ce DCS renforcé est également configuré pour mettre en œuvre la clé privée, mais la directive lui impose des sujétions techniques particulières énoncées dans l'annexe III. Les sujétions sont les suivantes :

> **Annexe III – Exigences pour les dispositifs sécurisés de création de signature électronique**
>
> Les dispositifs sécurisés de création de signature doivent au moins garantir, par les moyens techniques et procédures appropriés, que :
>
> – les données utilisées pour la création de la signature ne puissent, pratiquement, se rencontrer qu'une seule fois et que leur confidentialité soit raisonnablement assurée ;
>
> – l'on puisse avoir l'assurance suffisante que les données utilisées pour la création de la signature ne puissent être trouvées par déduction et que la signature soit protégée contre toute falsification par les moyens techniques actuellement disponibles ;
>
> – les données utilisées pour la création de la signature puissent être protégées de manière fiable par le signataire légitime contre leur utilisation par d'autres ;
>
> – les dispositifs sécurisés de création de signature ne doivent pas modifier les données à signer ni empêcher que ces données soient soumises au signataire avant le processus de signature.

79 / On voit que les sujétions du premier alinéa visent à insister et garantir que la clé privée est aussi proche que possible du signataire. Elle est placée sous son contrôle direct ; son utilisation par des personnes non-autorisées doit être impossible. On se rappelle que le bi-clé, et en particulier la clé privée, est le composant technique sur lequel est basée l'identification du signataire réclamé par le droit. Le DCS doit être conforme à l'état de l'art au niveau technologique : la clé privée ne doit pas pouvoir être tirée deux fois pour et par un produit disponible sur le marché. L'algorithme de tirage des clés doit être tel qu'il soit impossible de calculer la clé privée à partir d'une clé publique facilement disponible.

80 / Le deuxième alinéa n'est pas si anodin qu'il y paraît. D'une part, il crée un principe qui pourrait devenir célèbre auprès des praticiens : *What you sign is what you see,* c'est ce que vous voyez que vous signez ! D'autre part, la signature ne doit pas mettre à mal l'intégrité du message. Elle est elle-même une donnée qui vient s'attacher à d'autres données (celles qui sont signées) ; elle doit être présentée d'une façon non ambiguë comme signature électronique.

Section 2
LA VALIDATION DU DCS PAR LA PROCÉDURE D'ÉVALUATION-CERTIFICATION

81 / Comment être sûr que le dispositif de création de signature est bien ce qu'il doit être et qu'il est conforme à ce que le droit en attend ? Une affaire bien délicate pour l'utilisateur de base. Il devra s'entourer d'avis compétents. Le plus simple et le plus efficace pour lui est de se tourner vers des garanties qui lui seraient données par des services officiels… si celles-ci existent (1).

82 / En ce qui concerne le DCS, une possibilité existe avec la procédure d'*évaluation-certification*. Pour satisfaire au besoin général de sécurité rencontré par le commerce électronique et l'utilisation d'internet, la Commission européenne a publié dès 1991 les critères d'évaluation ITSEC (*Information Technologies Security Evaluation Criteria*). Ces critères sont largement utilisés en Europe pour évaluer

---

(1) La question a été débattue par les experts au moment de la consultation publique sur le projet de décret. L'art. 3 du projet de décret créait une procédure de vérification de conformité pour les DCS. Selon certains, une telle procédure de contrôle n'a pas besoin d'être formalisée dans la mesure où les exigences que doivent respecter ces logiciels apparaissent clairement aux éditeurs de logiciels puisqu'ils sont listés dans la directive. D'autres ont rétorqué qu'il peut être nécessaire de disposer d'un procédé de contrôle, car le procédé fiable prévu par l'art. 1316 du C. civ. se décompose en deux éléments techniques : un dispositif de création de signature et un système de certification. La plupart des études et des recherches se sont jusqu'ici polarisées sur le système de certification. Mais il ne faut pas oublier cette composante fondamentale et complémentaire : le dispositif de création de signature.

Naturellement, un niveau d'assurance et de contrôle insuffisant obérerait l'ensemble du procédé de contrôle, alors qu'un niveau d'assurance excessif (complexité technique et coût prohibitif du contrôle) serait décourageant. Il faudra laisser les besoins se manifester, légitimant la définition d'une typologie des niveaux d'assurance requis, de la manière qu'il se constitue déjà une typologie (classes) des certificats chez les PSC. Chaque besoin spécifique (en termes de sécurité ou de besoins professionnels) pourrait nécessiter des certificats de classes spécifiques. Le niveau d'assurance requis sera atteint si les certificats sont conformes à des profils ou des spécifications normalisés qu'il conviendra de développer à ce moment. C'est la possibilité de satisfaire efficacement le besoin qui fera passer la complexité et/ou les coûts financiers à engager.

les produits qui mettent en avant les mécanismes de sécurité matériels et logiciels. La France, comme l'Allemagne et le Royaume-Uni, disposent d'une structure nationale dite *schéma d'évaluation et de certification* pour la délivrance de certificats, véritables labels officiels qui attestent de la réussite d'une évaluation. Les certificats émis en France sont reconnus par les partenaires allemands et britanniques avec lesquels des accords de reconnaissance mutuelle ont été négociés. L'évaluation, effectuée par une tierce partie indépendante, couvre aussi bien la qualité du développement que l'efficacité des mesures de sécurité. Réalisée par des experts selon des méthodes éprouvées, elle est confirmée par un certificat officiel.

83 / Ce système d'évaluation-certification ne sera peut-être pas l'unique procédé pour contrôler la conformité des dispositifs de création de signature. La réglementation, applicable en cas de litige par le juge, ne doit pas empêcher d'autres organisations, françaises, européennes ou internationales, de procéder à un contrôle de conformité, sans que ce contrôle soit nécessairement validé par une certification provenant des services du Premier ministre (2).

84 / En attendant, le système d'évaluation-certification est déjà opérationnel et en conséquence, utilisable pour la validation des DCS. C'est ce système qui a été proposé par le projet de décret pour la vérification de conformité des dispositifs de création de signature électronique aux exigences posées par le texte qui reproduisait les sujétions de la directive (3). Il devra cependant prendre en compte les

---

(2) Cette certification a son intérêt en France et peut également trouver son intérêt dans l'Union européenne par le biais de la reconnaissance mutuelle des agréments. Mais qu'en est-il du commerce électronique au niveau international où on ne peut pas vraiment se référer à une garantie provenant d'un État? À ce niveau, d'autres organisations représentatives au plan international seront à même d'établir des spécifications techniques convenables pour les dispositifs de création de signature. Des organisations telles que l'Union internationale des télécommunications, l'IETF, l'ISO, le W3C et bien d'autres, pourraient concevoir des recommandations, standards et normes.

(3) Les articles 4 et 5 du projet de décret prévoyaient la mise en œuvre par les services du Premier ministre d'un processus d'évaluation et de certification des dispositifs de création de signature et la présomption de conformité aux critères de l'art. 3 du décret de ces procédés, dès lors qu'ils étaient certifiés dans le cadre de ce processus. Un arrêté d'application prévu par le décret, visant à la mise en place de ce schéma d'évaluation et de certification, se baserait sur le schéma plus général existant pour les produits de sécurité des technologies de l'information.

Cet arrêté définirait les modalités de délivrance et de retrait de l'agrément et la composition d'un comité directeur de la certification, chargé notamment d'assurer le contrôle de la mise en œuvre des processus d'évaluation et de certification. Il déterminerait les obligations incombant aux organismes d'évaluation et préciserait les conditions dans lesquelles seront présentées et instruites les demandes de certification. Naturellement serait également réputé conforme aux critères énoncés dans l'art. 3, le

© Éditions Litec

règles établies par la Commission sur la question spécifique de la Commission (4).

---

dispositif de création de signature qui est certifié par un organisme désigné à cet effet par un autre État membre de l'Union européenne. Enfin, conformément à la directive européenne, la présomption de conformité prévaut lorsque la certification est délivrée de la même manière dans un autre État membre. Cette reconnaissance mutuelle des certificats entre pays se fondera, conformément à l'art. 3.4. b), sur des normes et spécifications reconnues par le Comité, art. 9 de la directive.

(4) Il est paru une *décision de la Commission du 6 novembre 2000 relative aux critères minimaux devant être pris en compte par les États membres lors de la désignation des organismes visés à l'art. 3, paragraphe 4 de la directive 1999193/CE du Parlement européen et du Conseil sur un cadre communautaire pour les signatures électroniques.* Cette décision a pour but d'énoncer les critères auxquels les États membres doivent se référer pour désigner les organismes nationaux chargés d'évaluer la conformité des dispositifs sécurisés de création de signature (cf. annexe 7).

© Éditions Litec

Chapitre 4 | Organisation et fonctionnement du certificateur (PSC)

85 / Le certificateur occupe une place importante dans la signature électronique : il émet le certificat électronique garantissant le lien entre la clé publique et la personne qui détient la clé privée correspondante. C'est une des pièces maîtresse, de l'obligation d'identification assurées imposée par le Code civil. Le droit va donc imposer des sujétions particulières à ce nouveau type de prestataire que constitue ce tiers de confiance en ligne.

Section 1 — LE CERTIFICATEUR

86 / Tout d'abord, le certificateur répond dans la directive et dans le droit interne français au doux nom de *prestataire de service de certification* (PSC). C'est le professionnel qui se charge de recueillir la clé publique du signataire, de vérifier sa concordance avec l'identité déclarée par celui-ci, puis de créer le certificat dont il a été question au chapitre précédent et enfin de le diffuser. Le PSC est défini (1) de la façon suivante par l'article 2 : Définitions de la directive :

---

(1) On peut cependant regretter le caractère trop large de la définition. Le *tiers horodateur* met en œuvre la certification électronique X.509 pour donner une garantie sur l'heure et la date d'un message électronique ou d'un événement, pas nécessairement raccordé à la signature électronique. C'est bien un PSC mais pas au sens de la définition juridique. Quant au *tiers archiveur*, évoqué plus loin dans cet ouvrage, il conserve les messages électroniques signés, il n'est pourtant pas un PSC mais un simple utilisateur de signature électronique pour sécuriser ses envois.

© Éditions Litec

> *Prestataire de service de certification électronique* : toute entité ou personne physique ou morale qui délivre des certificats ou fournit d'autres services liés aux signatures électroniques.

1. Statut et organisation du certificateur

87 / Le PSC doit présenter des garanties professionnelles énumérées par une annexe II de la directive. Le PSC doit démontrer sa fiabilité dans la fourniture des services de certification. Son personnel doit faire l'objet d'un choix judicieux puisque :
– il doit posséder des connaissances spécifiques, avoir l'expérience et les qualifications nécessaires à la fourniture des services ;
– il doit montrer ses compétences au niveau de la gestion, des connaissances spécialisées en technologie des signatures électroniques et une bonne pratique des procédures de sécurité appropriées ;
– il doit également appliquer des procédures et méthodes administratives et de gestion qui soient adaptées et conformes aux normes.

88 / Si le PSC procède au tirage des clés, ce qui est une possibilité, mais pas une obligation, l'annexe II prévoit que :
– il doit respecter la confidentialité de la clé privée (2) (qui ne doit être connue que du seul signataire), c'est-à-dire la tirer de façon confidentielle par rapport à lui-même et à son personnel, la transmettre au signataire par un moyen sécurisé et ne pas en garder une copie (3) ;
– il garantit la complémentarité des clés par un dispositif de tirage adapté.

89 / Avant la confection du certificat, le PSC devra vérifier :
– par des moyens appropriés, l'identité et, le cas échéant, les qualités spécifiques de la personne à laquelle un certificat électronique est délivré ;

---

(2) Les termes du point g) de l'Annexe II sont les suivants : « ... dans les cas où le prestataire de service de certification génère des données de création de signature, garantit la confidentialité au cours du processus de génération de ces données ».

(3) Dans le cas très différent du chiffrement pour assurer la confidentialité des messages, une copie de la clé privée doit être conservée afin qu'en cas de besoin, les pouvoirs publics puissent y avoir accès pour déchiffrer et prendre connaissance du message. Comme l'accès à la clé privée doit être minutieusement contrôlé, la réglementation sur la cryptographie prévoit de donner un agrément administratif au tiers de séquestre de clés privées auprès duquel l'accès peut être demandé. En contrepartie, l'utilisateur de moyens cryptographiques en vue d'assurer la confidentialité des messages n'aura aucune formalité à accomplir. Ces dispositions pourraient être modifiées par la loi sur la Société de l'information qui devraient libéraliser la cryptographie.

© Éditions Litec

- l'exactitude des informations contenues dans les certificats qu'il délivre ;
- quel que soit le type de tirage des clés, que le signataire identifié dans le certificat détient la clé publique fournie ou identifiée dans le certificat.

90 / Puis pendant la confection du certificat, le PSC devra :
- prendre des mesures contre la contrefaçon des certificats ;
- veiller à ce que la date et l'heure d'émission et de révocation d'un certificat puissent être déterminées avec précision ;
- assurer le fonctionnement d'un service d'annuaire rapide et sûr et d'un service de révocation sûr et immédiat ;
- mettre les certificats à la disposition du public dans des conditions strictes :
    - seules les personnes autorisées peuvent introduire et modifier des données,
    - l'information peut être contrôlée quant à son authenticité,
    - les certificats ne sont disponibles pour des recherches que dans les cas où le titulaire du certificat a donné son consentement,
    - toute modification technique mettant en péril ces exigences de sécurité est apparente pour l'opérateur ;
- enregistrer toutes les informations pertinentes concernant un certificat électronique pendant le délai utile, en particulier, pour pouvoir fournir une preuve de la certification en justice.

91 / La fourniture du service de certification est organisée dans un contrat de prestation de services adapté, préalablement transmis au signataire. Le projet de décret indique quelques clauses qui y seront insérées, en particulier :
- les modalités et conditions précises d'utilisation des certificats,
- les limites à leur utilisation,
- l'existence d'un processus de certification volontaire de service et des procédures de réclamation et de règlement des litiges.

Manquent les principes sur l'étendue et les limites de la responsabilité du PSC à l'occasion des fonctions de certification qui seront précisées ultérieurement par un autre texte législatif.

2. Déploiement des fonctions de certification

92 / Dans un futur proche, les fonctions de certification sont amenées à s'étendre. J'indiquerai deux formes possibles.

93 / La première consiste en la fonction d'enregistrement entre les mains d'une entité appelée *Autorité d'enregistrement* (AE) dans la technique. Il s'agit d'une extension particulière sur l'identification qui n'est pas et ne sera pas dans l'immédiat envisagée par le droit (4). La nature de l'identification donnée par la signature électronique et renforcée par le certificateur (par le biais de la clé publique) est généralement mal comprise. On s'attend à ce qu'elle corresponde à une véritable identification des personnes comme seul, le droit la comprend. Au contraire, il ne s'agit que d'identifier par une appellation, *nom distinctif* dit la Recommandation X.509, une ressource technique qu'il serait difficile de distinguer des autres. On peut constater sur ce point qu'il s'agit d'une caractéristique intellectuelle de l'homme pour qui il faut absolument donner un nom à tout ce qui l'entoure : les êtres humains, les animaux et même les choses. De là à affirmer que le nom distinctif doit être le nom réel, le nom d'état civil de la personne…

94 / Toutefois dans certaines hypothèses, le droit exige bien la connaissance du nom d'état civil de la personne en cause. Le certificateur devra effectuer ce genre de recherche ou de contrôle. Mais souvent certaines entités seront mieux armées que lui pour cette tâche. Celles-ci assumeront alors la fonction d'AE. Le contrôle de l'identité de la personne peut être réalisé lors d'une démarche que la personne intéressée effectue en se rendant au guichet de l'AE et en présentant divers documents d'identité (5).

95 / La deuxième forme d'extension des fonctions de certification est plus spécifiquement française. Elle consiste à diviser les fonctions et les risques de PSC entre deux organismes : une autorité *certifiante*

---

(4) Les téléprocédures lancées par le ministère des Finances nécessitent la connaissance de l'identité exacte du déclarant. Aussi l'emploi d'une autorité d'enregistrement sera pratiquement indispensable dans tous les cas de figure. On peut le voir en consultant la *politique de Certification-type* du ministère sur son site web (finances.gouv.fr).

D'autre part, qui sait si au niveau européen, l'AE ne sera pas introduite prochainement? L'art. 12 de la directive prévoit que la Commission procédera à l'examen de la mise en œuvre de la directive et en rendra compte au Parlement européen et au Conseil le 19 juillet 2003 au plus tard. Une nouvelle directive fera-t-elle référence aux AE?

(5) Cette préoccupation est générale dans l'Union européenne. Par exemple, le Conseil des ministres de Belgique a été saisi en novembre 2000 d'un projet de carte d'identité électronique du citoyen. Selon celui-ci, l'échange des données entre les autorités publiques, les entreprises et les administrés doit pouvoir se dérouler de façon électronique sans entraîner de perte au niveau de la sécurité. Un système de certification électronique doit être développé. Dans ce cadre, les communes agiraient gratuitement en qualité d'AE pour les attestations d'identité destinées aux personnes physiques. Ces attestations pourraient être utilisées pour l'apposition d'une signature juridiquement valable vis-à-vis de l'administration. Ce type de projet est intellectuellement séduisant, mais de façon générale le développement des AE pour certifier l'état civil des personnes laisse craindre pour l'avenir des données personnelles et nominatives.

© Éditions Litec

au nom de laquelle le certificat est émis et un *opérateur* de services spécialisé qui réalisera les traitements techniques (6).

Section 2
LA RECONNAISSANCE PROFESSIONNELLE DU PSC

96 / La préoccupation était apparue avec le dispositif sécurisé de création de signature : comment l'utilisateur, ici plus particulièrement le destinataire de message signé, peut-il apprécier la compétence et la qualité des services du PSC et du certificat dont il veut extraire la clé publique de son correspondant?

97 / Comme pour le DCS, on peut rechercher si une quelconque entité ou un service de l'État procède à un contrôle du certificateur et de ses certificats.

1. La pertinence d'un système de contrôle

98 / Un procédé de contrôle des certificats et des PSC est-il nécessaire? Il est peut-être nécessaire de ramener la mission de l'autorité de certification à une dimension plus modeste : celle d'une prestation de services techniques. La loi prévoit que « l'identification du signataire » dans le « procédé fiable d'identification » doit être « assurée ». C'est le rôle du PSC de fournir cette « assurance ». Mais l'élément primordial est le « procédé fiable d'identification », constitué par la clé publique que le PSC ne maîtrise pas en totalité.

99 / En réalité, la responsabilité du PSC ne porte que sur une partie de l'élément d'identification, qui n'est à son tour qu'une partie du « procédé fiable » de la loi, pour une signature, élément propre à l'individu signataire (comme son nom) et qui est créée sous son entière responsabilité. La responsabilité du PSC paraît encore bien réduite face à la responsabilité du destinataire du message signé quant à l'interprétation et à l'appréciation de la signature. Elle semble bien minime encore face à la responsabilité du destinataire quant aux effets

---

(6) Cette différenciation du PSC en deux entités complémentaires pose de nombreux problèmes architecturaux dans l'ICP, en particulier en présence d'AE. D'autre part, les questions relatives au partage de la responsabilité ne sont pas encore bien maîtrisées (voir bibliographie, *Guide de l'utilisateur professionnel*).

© Éditions Litec

juridiques du document valablement signé par l'électronique. En somme, pourquoi un tel procédé de contrôle pour une responsabilité bien modeste eu égard aux effets juridiques finaux d'un écrit (électronique) valablement signé?

100 / Si un système de contrôle est créé, faut-il prévoir des sanctions? La seule et unique sanction semble la constatation de la *non-conformité* de l'activité de certification des certificateurs. Dans l'esprit de la loi, la non-conformité du certificat se propage à l'ensemble du « procédé fiable d'identification » qui du coup, ne peut plus être *réputé fiable*. Ce qui ne veut pas dire que le procédé n'est pas fiable en définitive. Le Code civil ne parle en effet que de *présomption de fiabilité*. Celui qui ne répond pas aux exigences de la loi et du décret ne pourra être réputé fiable, mais il pourra tenter de démontrer sa fiabilité. Sur lui pèsera la charge de la preuve. Enfin, de façon plus pratique :

– Quelle serait l'infraction? Ne pas être conforme? Il pourrait s'agir tout au plus d'une erreur du PSC, puisque les spécifications techniques qu'il déploierait, même si elles ne sont pas conformes à un besoin de certification déterminé, pourraient satisfaire à un besoin de sécurité plus fort (par exemple, exigences des administrations dans le cadre des téléprocédures) ou moins fort (utilisation de signature électronique de sécurisation des échanges électroniques en dehors de tout contexte juridique).

– Quelle serait la sanction? Amendes et/ou peines de prison? Qui fixera les peines (compétences législative et réglementaire partagées pour les peines de contravention)?

Reste à signaler que le défaut de conformité du certificat et du PSC ne concerne que… le certificat et non la clé publique et la signature. Un certificat non conforme / non valide n'entraîne pas nécessairement la perte de confiance dans la clé publique qui peut permettre avec succès la vérification de la signature.

101 / La question reste ouverte d'autant que la directive suggère et prévoit des formes de contrôle.

© Éditions Litec

2. Les dispositifs de contrôle selon la directive

■ *Le contrôle de l'article 7 du projet de décret*

102 / L'article 3.3 de la directive, relatif à l'accès au marché, prévoit que « chaque État membre veille à instaurer un système adéquat permettant de contrôler des prestataires de services de certifications établies sur son territoire et délivrant des certificats qualifiés au public ». Ce principe semble une faible assise pour fonder un système supplémentaire de contrôle qui en tout état de cause, est déjà prévu dans l'article 3.2. de la directive qui traite de l'instauration des régimes volontaires d'accréditation par les États membres. Cependant, c'est sur cette disposition que le projet de décret asseyait à un système de contrôle original (7).

■ *Le couronnement des efforts et exigences supplémentaires du PSC : l'accréditation*

103 / Reconnaissant l'intérêt de disposer de services de certification de haut niveau, la directive dans son considérant 11 dédie le système de l'*accréditation* aux prestataires de services de certification qui désirent atteindre « le degré de confiance, de sécurité et de qualité exigé par l'évolution du marché ». Plus loin, l'article 3.2. indique que l'accréditation est d'abord entre les mains des États : *les États membres peuvent instaurer ou maintenir des régimes volontaires d'accréditation visant à améliorer le niveau du service de certification fourni*. On peut comprendre que la qualité des services et le niveau de sécurité soient contrôlés par des organismes spécialisés procédant des pouvoirs publics. Mais on s'interroge sur la capacité de l'État à déterminer quel degré de confiance nécessite l'évolution du marché. Dans les pays anglo-saxons, une recommandation provenant de l'État risque davantage de susciter la méfiance ou l'incompréhension que d'être un gage de confiance.

---

(7) L'art. 7-II du projet de décret précisait dans quelles circonstances ce contrôle, ni obligatoire ni systématique, aurait été effectué : au moment de la déclaration de fourniture de moyens ou de prestations cryptographiques, comme le prévoit la réglementation sur la cryptographie, le prestataire de service de certification préciserait s'il entendait respecter les dispositions des annexes I et II de la directive reprises par le texte réglementaire (reporte en article 9-I du décret, cf. annexe 5).

© Éditions Litec

104 / L'accréditation n'en sera pas pour autant contraignante puisque l'article 3.2. poursuit en déclarant que «tous les critères relatifs à ces régimes doivent être objectifs, transparents, proportionnés et non discriminatoires. Les États membres ne peuvent limiter le nombre de prestataires accrédités de service de certification pour des motifs relevant du champ d'application de la présente directive». Bien plus, des systèmes d'accréditation d'initiative privée pourront prendre place à côté d'un schéma d'accréditation nationale.

105 / Malgré le caractère facultatif, on peut craindre qu'une discrimination n'apparaisse entre les PSC accrédités et les PSC non accrédités. De même, certains annoncent l'intention de PSC français à se faire accréditer dans d'autres États de l'Union pour plus de facilité, sans compter les systèmes d'accréditation libres que certaines organisations européennes sont déjà en train de mettre au point. Quelle sera la sanction du marché national? Aussi la tentation peut-elle être forte de développer entre les PSC nationaux un système de labellisation mieux à même de conforter la confiance des utilisateurs qu'une garantie octroyée par l'État (8).

106 / La France ne fera pas l'économie d'un système d'accréditation publique. Outre l'obligation de l'instaurer, ce régime vise à augmenter le niveau de sécurité et de confiance du système. Les prestataires de service de certification vont avoir en effet un rôle important dans la confiance que pourront avoir dans les technologies de signature électronique, aussi bien les utilisateurs (émetteurs et destinataires de signataires électroniques) que les autorités judiciaires chargées de régler les conflits qui ne manqueront pas de naître entre les différents acteurs (répudiation de signature, fausse signature, conflit de preuves, etc.).

107 / Le texte (9) d'application de la loi sur la signature électronique précisera les modalités. Il se basera sur un schéma général

---

(8) La création d'une accréditation privée ou d'une labellisation est un des premiers objectifs de la Fédération nationale des tiers de confiance (FNTC) créée en France en janvier 2001. L'organisation entend rassembler tous les professionnels de la certification et des services connexes (archiveurs, horodateurs, etc.). Son originalité est de comporter une forte représentation des professions réglementées (ordres des experts-comptables, des huissiers, des greffiers des tribunaux de commerce) qui souhaitent étendre au *cybermonde* les fonctions de confiance qu'ils assurent dans le monde de l'écrit-papier. FNTC, 88 rue de Courcelles – 75008 Paris. Tél. : 01 30 50 0717. e-mail : siriusf@club-internet.fr

(9) Le projet de décret de l'été 2000 mettait en place un système d'accréditation. Malheureusement, l'art. 8-I n'était pas plus précis que la directive en ce qui concerne l'intérêt des prestataires de services de certification de se faire accréditer. L'art. 8-I envisage l'accréditation aux prestataires qui répondent à des «exigences particulières de

© Éditions Litec

de certification de services, comme celui développé par le Comité français d'accréditation (COFRAC), ce qui permettra de bénéficier d'un acquis dans le domaine des processus d'évaluation et de certification de services et d'inscrire plus aisément le dispositif dans un cadre européen (reconnaissance mutuelle). Conformément à ce schéma, les prestataires de services de certification n'auront pas à s'adresser à un seul organisme disposant d'un monopole mais pourront se faire «labelliser» auprès de plusieurs organismes, publics ou privés, qui auront été habilités à cet effet par une instance du type du COFRAC.

108 / Enfin on signalera que ce système de reconnaissance et de contrôle qui s'applique aux qualités professionnelles des PSC sera probablement confié au ministère de l'Économie et des Finances, alors que les autres systèmes (DCS ou certificat électronique), renvoyant plus ou moins directement à une pratique de la cryptographie sont du ressort des services militaires du Premier ministre (SCSSI).

---

qualité». La lecture du texte permettait de penser que le COFRAC sera amené à y jouer une rôle important. Contrairement aux autres systèmes instaurés par le projet de décret, seule la procédure de contrôle (qui échappe au SCSSI) était décrite, alors qu'on ne connaissait ni les exigences ni les conditions à respecter.

© Éditions Litec

TITRE 2 | Les effets juridiques

109 / La directive vise à rendre acceptable par le droit interne des États membres la signature électronique avancée. Son article 5 le stipule expressément :

> Article 5 – Effets juridiques des signatures électroniques
> *1. Les États membres veillent à ce que les signatures électroniques avancées basées sur un certificat qualifié et créées par un dispositif sécurisé de création de signature :*
> *a) répondent aux exigences légales d'une signature à l'égard de données électroniques de la même manière qu'une signature manuscrite répond à ces exigences à l'égard de données manuscrites ou imprimées sur papier, et*
> *b) soient recevables comme preuves en justice.*

La France ne dérogera pas à la règle en transposant ces deux principes dans son Code civil.

Chapitre 5 – La validité juridique de la signature avancée

Chapitre 6 – La signature électronique dans l'administration de la preuve

Chapitre 5 | La validité juridique de la signature avancée

Section 1
LA VALIDITÉ DE LA SIGNATURE ÉLECTRONIQUE

1. La signature électronique est au message électronique ce que la signature manuscrite est à l'écrit sur papier

110 / Mettant en œuvre la directive européenne, le législateur, tout en respectant l'esprit du droit interne, a porté dans le Code civil, un nouveau principe selon lequel la signature électronique pourra être associée à un message électronique, de la même manière qu'une signature manuscrite peut être apposée sur un acte juridique (1).

111 / Il en résulte que la signature électronique pourra avoir les effets juridiques que la signature manuscrite entraîne pour le document

---

(1) Note à l'intention des non-juristes. Tout d'abord, la notion de document n'existe pas dans le droit français ; aussi on ne peut parler que d'*écrit sous forme électronique*, ce qui aujourd'hui peut s'appliquer à un message électronique. Ensuite attention à la notion d'acte juridique. Un acte juridique est un document (jusqu'ici sur papier) porteur de *contenu* ou de *sens* juridique. Le contenu ou le sens ne peut se comprendre que de deux façons : les droits et les obligations. Tout document qui n'est pas porteur d'obligation (pour le signataire) ou de droit n'a pas d'intérêt pour le droit ; ce n'est pas un acte juridique, mais un *fait juridique*, comme tout autre fait de l'homme. La plupart du temps, nous signons les cartes de bons vœux envoyés aux proches ou aux relations professionnelles. Cette signature n'a pas de sens juridique, car la carte de vœux n'est pas un acte juridique.

© Éditions Litec

signé. Il s'agit d'une nouvelle illustration d'un principe juridique dit du *parallélisme des formes* et qu'on schématisera comme ci-dessous :

| Écrit sur support papier | Signature manuscrite |
| Écrit sous forme électronique | Signature électronique |

112 / À noter que l'écrit traditionnel et le message électronique sont désormais réunis sous le même concept, celui d'*écrit* nouvelle manière. Tout est dit dans l'article 1316 qui définit l'écrit :
«... une suite de lettres, de caractères, de chiffres ou de tous autres signes ou symboles dotés d'une signification intelligible, quels que soient leur support et leurs modalités de transmission.»

2. Les effets de la signature sont limités par le formalisme juridique

113 / L'expression finale de l'article 1316 «quels que soient leur support et leurs modalités de transmission» renvoie aux deux nouvelles modalités de l'écrit, support papier et forme électronique, ce qui annonce déjà leur égalité comme moyens de preuve. Avant d'en arriver là, précisons que le parallélisme des formes ne permet pas le panachage. Je m'explique : peut-on imaginer qu'une signature électronique puisse s'appliquer à un écrit sur support papier? Concrètement cela répond au cas d'école suivant : si un texte de loi requiert un support papier pour un acte précis (c'est-à-dire ne laisse pas le choix, tacitement ou expressément, entre le support papier ou la forme électronique), la dématérialisation d'office par l'utilisateur peut-elle être validée ultérieurement par l'emploi d'une signature électronique? La réponse est non, car un principe juridique s'oppose généralement à cette démarche dans les systèmes juridiques de droit civil comme dans le système français, le *formalisme juridique*. Le formalisme juridique décline toutes les *formalités* qui sont nécessaires à la *formation* d'un acte. Ce sont généralement la nécessité d'un support écrit, l'apposition d'une signature et des mentions ou un contenu impératifs. Lorsque la loi n'autorise la formation d'un acte que par un support papier (2), tout contournement de la règle, n'aboutit qu'à la nullité de l'acte ou à son

---

(2) Compte tenu du nouveau contexte, chaque terme employé par les textes va avoir son importance. Le terme *écrit* ne pose plus désormais de difficulté. Pour des mots tels que *copie*, *exemplaire*, voire *liasse*, on pourra plaider que la forme électronique se conçoit aisément, ce qui ne sera pas le cas avec *lettre*, *papier*, *registre*, etc.

© Éditions Litec

inexistence (3). La réforme du printemps 2000 n'a pas changé cet état de choses (4).

114 / La doctrine a manifesté un enthousiasme mitigé devant cette réforme. Selon certains auteurs, il est remarquable que le texte sur la signature électronique soit intégré dans le chapitre du Code civil traitant du droit de la preuve. En conséquence, la signature électronique ne s'applique pas pour les exigences d'écrit *ad validitatem*, par exemple pour les contrats de crédit pour les particuliers. Ces écrits sur papier sont en effet indispensables pour la validité même du document que l'on dresse. Mais la distinction *ad validitatem / ad probationem* pourrait être remise en cause par la directive sur certains aspects du commerce électronique qui prévoit que les contrats pourront être négociés par voie électronique (5).

---

(3) Pour prendre un exemple bien connu des utilisateurs de l'Échange de données informatisées (EDI), celui de la facture électronique, l'ordonnance n° 1243 du 1er décembre 1986 prévoit dans son art. 31 que la facture doit faire l'objet d'un écrit. Lorsque le comité spécialisé des Nations unies (UN/ECE/TRADE/WP4) eut élaboré le message EDI correspondant, INVOIC, beaucoup ont pensé en France que la voie était ouverte à la facture électronique. Il n'en a rien été à cause du formalisme juridique. Il a fallu attendre que l'art. 47 de la loi de finances rectificative pour 1990 introduise le principe de la télétransmission des factures dans l'art. 289 *bis* du Code des impôts pour que cela devienne possible. Le formalisme juridique ne peut être levé que par la loi. Il n'y a aucun autre moyen de procéder à la dématérialisation d'office d'un document sur papier, ni par une norme internationale ni par une signature électronique.

(4) Pendant la gestation de la loi au Parlement, un amendement au Sénat prévoyait justement que «l'écrit sous forme électronique a la même force probante que l'écrit sur support papier, dès lors qu'il réunit toutes les conditions de forme nécessaires à sa validité». Le second membre de phrase a malheureusement disparu dans le texte définitif. Même si selon le ministre de la Justice, il s'agissait d'une évidence qui n'a pas besoin d'être reprise, il peut être bon d'insister sur ce point. Comme les études juridiques sur l'EDI l'ont montré, le premier élément du formalisme juridique, l'exigence d'un écrit sur papier, est en partie réglé par la loi (seulement dans les cas *ad probationem*). Le second élément, l'apposition d'une signature, est également traité par la loi. Restent les mentions obligatoires qui devront figurer quels que soient le support ou la forme de l'acte.

(5) Selon certains auteurs (voir liste en bibliographie), le texte de la loi est encore critiquable lorsqu'il pose l'écrit électronique admissible en preuve comme l'écrit-papier, car le support électronique est toujours manipulable. Cette assimilation est hasardeuse puisque l'écrit électronique a la même force probante que l'acte sous-seing privé. Or selon les canons du C. civ., l'acte sous-seing privé a valeur d'acte authentique dès le moment qu'il n'est pas contesté. On peut donc en déduire que l'écrit électronique non contesté peut valoir comme un acte authentique. Ce qui est inadmissible en termes de hiérarchie des formes. Quelle preuve contraire pourrait-on avancer? L'acte sous-seing privé peut être combattu par un autre écrit (C. civ., art. 1341). Mais l'écrit signé électroniquement n'est pas susceptible de preuve contraire dans le projet alors qu'il aurait fallu comme dans l'avant-projet ou comme dans le C. civ. du Québec admettre une preuve libre. En effet, les erreurs de manipulation et les aléas techniques ne peuvent pas être ignorés. De plus, l'incertitude est grande sur les moyens et modalités de

© Éditions Litec

Section 2
LES CONDITIONS DE LA VALIDITÉ

1. Une visualisation du message électronique avant la signature

115 / Voilà une question encore peu évoquée : la visualisation du message électronique avant signature. La visualisation est à la fois une autre facette de l'acte volontaire de signer et une conséquence particulière du consentement donné sur le contenu de l'acte par la signature. Pour être en mesure de manifester son consentement, il faut d'abord lire ou parcourir le document. Pour lire le document, il faut d'abord y avoir accès, c'est-à-dire le voir.

116 / La procédure qui aboutit au consentement est plus difficile à réaliser dans le monde de l'électronique. La signature électronique résulte d'un calcul accompli sur le document, calcul susceptible de se dérouler sans que l'utilisateur accède au document.

117 / Dans le monde électronique, la question de la visualisation des documents, étape préalable au lancement du procédé de signature électronique, se double d'une autre problématique sur le contenu exact de ce qu'on visualise aux fins de signature. En effet, les fichiers préparés par un logiciel de traitement de texte ne se limitent pas au

---

conservation. On peut approuver l'expression « lien avec l'acte auquel elle s'attache » qui va de soi dans l'écrit à cause de l'indivisibilité du support papier, mais regretter que les deux signatures, écrite et électronique, ne soient pas mieux différenciées. Dans la signature manuscrite, l'authentification de la personne peut exiger des procédés renforcés comme la légalisation de signature par le maire ou l'acte authentique devant notaire. Pourtant ces procédés ne sont pas exigés puisque l'intégrité du support matériel présente des qualités suffisantes. L'intégrité du document est faite de sa fidélité et sa durabilité. Dans l'informatique, l'intégrité est toute relative du fait du découpage des informations constitutives d'un message qui ne seront reconstitués qu'*in fine*. « L'intégrité ne résulte pas de l'intangibilité d'un support mais de la fiabilité des traitements qui organisent la permanence des informations. » Le texte aurait dû employer *fiabilité* plutôt que *intégrité*.

Selon d'autres auteurs, la loi ne fait pas le lien avec les prestataires de service de certification au contraire de la loi-type sur le commerce électronique de la CNUDCI et la directive européenne qui les mentionnent expressément. Comment les introduire validement dans le décret d'application, alors qu'ils sont absents de la loi ? L'intervention des tiers est à tout point nécessaire. Quel sera leur statut ? Seront-ils des *notaires électroniques*, des intermédiaires financiers d'un nouveau genre, des prestataires d'intermédiation, des administrations ? Dans ce dernier cas, il y aurait un danger potentiel d'une surveillance du commerce par l'interconnexion des fichiers publics.

© Éditions Litec

texte brut du message. Ils comprennent également toute une série d'informations ou de caractères de contrôle relatifs à la pagination et à l'enrichissement du document (polices de caractères utilisés, corps de la police, graissages, italiques, les balises, etc.). Par exemple, on peut valablement considérer qu'un fichier Word avec une extension «.doc» est en réalité un fichier exécutable dont le résultat est le texte du document. Lorsqu'on signe le fichier créé par le traitement de texte, on signe la partie purement textuelle ainsi que tous les caractères de contrôle et d'enrichissement. Comme la signature électronique garantit l'intégrité, cela provoque-t-il un distinguo entre la technique et le droit ? L'intégrité du document au sens technique acceptera les caractères de contrôle, mais l'intégrité juridique n'en saura que faire.

118 / Plus grave que les caractères de contrôle, il est possible de dissimuler des informations clandestines à l'intérieur du texte, par exemple par un texte écrit en caractères de couleur blanche sur un fond blanc. Pourtant lorsqu'on signe électroniquement, on ne peut admettre valider les effets juridiques découlant du texte clandestin (6) !

119 / C'est pourquoi certains auteurs considèrent que pour être sûr de ne signer que ce qu'on veut bien signer, il est prudent de passer par l'image du texte. On peut ainsi utiliser un logiciel graphique qui transformera le texte en une image-texte. Dans ce cas, l'utilisateur a la certitude de ne signer que ce qu'il voit. Si on transmet l'image au destinataire, c'est l'image qu'il visualisera, sans changement ni altération. Si des informations ont été dissimulées avant la signature, elles seront figées invisibles et le resteront tout au long de la chaîne, même à destination.

---

(6) L'avant-projet de loi sur la normalisation juridique des nouvelles technologies de l'information actuellement pendant devant le Parlement du Québec tente de neutraliser cette difficulté et de rendre la question transparente pour les utilisateurs. Le texte définit ce qu'il faut entendre en matière d'intégrité : *l'intégrité d'un document est assurée lorsque, d'une part, il est possible de vérifier que l'intégrité n'est pas altérée et qu'elle est maintenue dans son intégralité et, d'autre part, lorsque le support qui porte l'information procure la stabilité et la pérennité voulues.* (art. 5, al. 2). Plus loin, l'avant-projet de loi indique que toutes les informations et les caractères de contrôle et d'enrichissements ne sauraient porter atteinte à l'intégrité juridique des documents. Ainsi l'art. 7 dispose : « Le fait que des documents porteurs de la même information, mais sur des supports différents, présentent des différences en ce qui a trait à l'emmagasinage ou à la présentation de l'information ou l'effet de comporter de façon apparente ou sous-jacente de l'information différente relativement au support à la sécurité de chacun des documents ne porte pas atteinte à leur intégrité.

De même, ne portent pas atteinte à leur intégrité, les différences quant à la pagination du document, au caractère tangible ou intangible des pages, ou à leur présentation recto verso, alors d'accessibilité en tout ou partie aux possibilités de repérage séquentiel thématique de l'information. »

© Éditions Litec

120 / Mais la transformation du texte en image-texte ne va pas sans provoquer des difficultés tant techniques que juridiques. Au niveau technique, la transmission d'une image-texte au destinataire ne permet pas à ce dernier d'en extraire les données qui le composent. C'est un grave inconvénient pour la signature des messages EDI (échange de données informatisées). Par nature, les messages EDI sont faits de telle sorte que le destinataire des messages puisse en extraire les données pour les intégrer dans son propre système d'information.

121 / La transformation de l'image-texte et son acheminement chez le destinataire peuvent également occasionner des difficultés d'ordre juridique. L'image-texte est une nouvelle façon de traiter l'information pour laquelle les juristes ne sont pas encore préparés. Il suffit de considérer les difficultés quant à la validité juridique et à l'administration de la preuve en matière de télécopie pour s'en faire une idée. Jusqu'ici les actes juridiques sont formés de lettres et de caractères et pas d'images. Il est vrai que l'article 1316 nouveau du Code civil définit l'écrit comme *une suite de lettres, de caractères ou de tout autre signe ou de symboles dotés d'une signification intelligible*. Mais la mention des symboles est-elle suffisante pour admettre qu'un écrit puisse être une image (7)?

122 / D'autre part, on peut faire remarquer que la transmission d'une image à un destinataire au lieu du texte d'origine garantit au maximum l'intégrité. Si on ajoute que la signature électronique permet d'identifier fortement l'expéditeur du message et si on ajoute une horodatation au message, on n'a fait que réinventer… le recommandé (8). Or ce n'est pas le but recherché, on ne veut pas garantir le bon acheminement du message électronique, on veut le valider juridiquement dès l'origine en apposant une signature qui manifeste le consentement de l'auteur sur le contenu juridique du document.

123 / Une autre forme d'image est possible. Celle qui consiste à passer par un fichier d'impression. Ce fichier d'impression constitue

---

(7) Dans le même genre d'idée provocatrice, un contrat formé de graphisme et de pictogrammes serait-il valable sous l'angle formel? On peut imaginer une photo de A et une autre de B et un graphisme montrant la remise d'un objet par l'un contre la remise d'une somme d'argent par l'autre... Fadaises! Qui sait? Pourrait-on soutenir qu'un pictogramme montrant l'accès à un train est constitutif d'un contrat de transport, ou tout au moins d'une offre contractuelle, dès l'instant où le voyageur suit la flèche?

(8) Peu d'États membres de l'Union ont développé l'idée du recommandé électronique. Par contre, la loi luxembourgeoise sur le commerce électronique prévoit expressément le recommandé électronique dans son art. 34 : *Le message signé électroniquement sur base d'un certificat qualifié dont l'heure, la date, l'envoi et le cas échéant la réception, sont certifiés par le prestataire* [de service de certification] *conformément aux conditions fixées par règlement grand-ducal constitue un envoi recommandé.*

© Éditions Litec

une image du texte tel qu'il peut apparaître après impression sur imprimante. Le fichier d'impression peut être rerouté vers l'écran aux fins de visualisation par les utilisateurs. Par ce biais, le signataire verra ce qu'il a signé, sans avoir l'inconvénient de figer le texte par l'utilisation d'une représentation graphique.

2. La présomption de fiabilité du procédé

124 / La portée exacte de la signature électronique est fixée par l'article 1316-4 : « La fiabilité de ce procédé est présumée, jusqu'à preuve contraire, lorsque la signature électronique est créée, l'identité du signataire assurée et l'intégrité de l'acte garantie, dans des conditions fixées par décret en Conseil d'État. »

125 / La signature est un procédé d'identification qui, s'il respecte les exigences du décret d'application (c'est-à-dire celles des annexes de la directive), bénéficiera simplement d'une présomption de fiabilité (9). Dans tous les cas, il sera nécessaire d'être en mesure de démontrer que le procédé technique est fiable :
– si les exigences du décret sont respectées (et éventuellement constatées par une *accréditation*), il y aura présomption simple c'est-à-dire pas de charge de la preuve pour le signataire, mais seulement jusqu'à preuve contraire ;
– si les exigences du décret ne sont pas respectées, le signataire devra supporter la charge de la preuve (10) en cas de contestation et se disposer à démontrer par tout moyen la fiabilité du procédé.

126 / Qu'on se comprenne bien, il s'agit de la preuve (ou de la preuve contraire) de la fiabilité de la signature, c'est-à-dire de sa

---

(9) L'art. 1 du projet de décret stipulait que « la fiabilité d'un procédé de signature électronique est présumée jusqu'à preuve contraire lorsqu'il met en œuvre un dispositif de création de signature électronique répondant aux critères définis à l'art. 3 [exigences de l'annexe III de la directive] ci-dessous et utilise un certificat électronique répondant aux critères définis à l'art. 5 ci-dessous [exigences de l'annexe I de la directive].

(10) Note à l'attention des non-juristes – La charge de la preuve – Toute prétention juridique, surtout portée devant un juge, doit être étayée par des moyens de *preuve*. Souvent la contestation est antagoniste : les prétentions des adversaires sont contradictoires. Pour éviter que les deux adversaires n'aient chacun à présenter leur preuve, la loi décide qu'un seul supportera la *charge de la preuve*. L'autre, en général le plus faible dans la situation juridique considérée, pourra se contenter d'attendre et de voir venir.

Dans notre affaire, le procédé du signataire qui aura respecté les exigences du décret sera réputé fiable (présomption). Celui qui conteste cette fiabilité devra le démontrer par ses propres moyens. Par contre, si le procédé du signataire ne respecte pas les exigences du décret, il ne sera pas présumé fiable. Mais en réalité, il l'est peut-être ! Aussi en cas de contestation, le signataire devra en faire la preuve par ses propres moyens.

© Éditions Litec

conformité aux exigences techniques retenues par la loi. Il ne s'agit pas de la preuve de l'écrit signé, qui sera examinée dans le chapitre suivant.

Section 3
LA SIGNATURE VÉRIFIÉE PAR LE DESTINATAIRE

130 / Si la signature sert à rendre parfait un acte sous-seing privé aux yeux de tous, chacun doit être en mesure de le constater à la découverte de la signature. L'électronique nous fait découvrir ici une étape qui passe presque inaperçue dans le monde de l'écrit (papier), la vérification de la signature. Dans certains cas, nous pouvons avoir la chance de voir l'auteur intellectuel de l'acte apposer sa signature sous nos yeux. L'étape de vérification est alors réduite à sa plus simple expression. La plupart du temps, un simple coup d'œil suffit pour que la signature nous paraisse valide. Je passe sous silence les cas où le graphisme de la signature ne laisse en rien deviner du nom de l'auteur. Il y a encore les cas où le graphisme ne nous dit rien, parce que lisible ou pas, nous n'avons aucune idée de l'identité de la personne qui a signé. Ce qui montre au passage que la signature importe moins que l'authenticité de l'écrit signé dont le lecteur peut se persuader par le reste du contexte (entête du document, habitude dans le graphisme d'une signature même illisible) ! Bref, il faut contrôler.

1. La vérification technique de la signature électronique avancée

131 / Faisons le point. Pour vérifier la signature, il nous faut :
– le message et sa signature, au cas où elle aurait été transmise en dehors du message,
– la clé publique du signataire du message, extraite d'un certificat électronique non révoqué,
– un dispositif de vérification de signature (DVS) comme dit la directive, c'est-à-dire un logiciel apte à vérifier l'intégrité et à se faire configurer par la clé publique.

132 / La garantie d'identification de la signature repose sur la clé publique. Si la clé publique permet effectivement de déchiffrer la signature, alors on est sûr que la signature a été chiffrée par la clé privée correspondante (autre moitié du bi-clé). Si de plus, le PSC a pu vérifier l'identité du porteur de clé publique et sa possession de la clé privée correspondante, alors on peut être sûr que la clé publique est réellement celle du porteur annoncé. Quant à la garantie d'intégrité, elle repose encore sur la fonction de hachage. Une fonction de hachage qui intègre dans un des traitements la fonction de déchiffrement. Voici comme le DVS doit procéder :

133 / À l'arrivée du message, la signature est séparée du message. La vérification de signature passe par le rapprochement de deux calculs de condensé :

– Le condensé 2 est calculé à partir du message arrivé. Si le voyage s'est déroulé normalement, la fonction de hachage restitue un condensé identique à celui qui a été calculé avant l'envoi.

– Le condensé 1 est déchiffré à partir de la signature. À cette fin, il est nécessaire de fournir à la moulinette à déchiffrement la bonne clé publique (celle qui correspond à la clé privée, etc.). Le condensé de destination doit naturellement être le même que le condensé d'envoi.

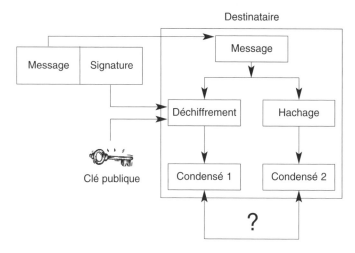

134 / Le reste est autant mathématique que logique : les deux condensés de destination qui doivent être identiques à un troisième, sont donc identiques entre eux ! Sinon, problème. On ne connaîtra pas la nature exacte du problème, mais on est sûr qu'il a existé : aléa humain, aléa technique, problème sur le message, sur la signature, sur les deux... Dans ce cas, le destinataire ne prendra pas de risque : il rejettera la signature et le message signé. On se doute de la dimension juridique que peu prendre un résultat négatif.

© Éditions Litec

2. La vérification de la signature au regard du droit

135 / Si on se place dans une perspective juridique, il est clair qu'on devrait tenir pour inexistant un acte juridique dématérialisé transmis par voie télématique et dont la vérification de la signature électronique rend un verdict négatif.

136 / Et pourtant, on a beau développer la technique et les moyens de sécurité, on ne peut gérer par des machines le libre arbitre et la responsabilité des hommes. Au minimum, on peut contacter son correspondant, faire état du résultat négatif et demander un nouvel envoi du message signé ou sa transmission par un autre vecteur de télécommunications. On peut aussi vivre dangereusement et passer outre : d'autres éléments du contexte peuvent donner l'impression au destinataire que le signataire doit être le bon. Il y a aussi des situations douteuses, par exemple lorsque la signature est bonne, mais le certificat invalide. Il peut s'agir d'une vraie-fausse signature, mais aussi d'un certificat périmé (quoiqu'on puisse en demander un autre) ou d'une invalidation (par exemple, l'émetteur n'a pas payé son certificateur!). Dans ces hypothèses, on se trouve au pied du mur. Il faut bien prendre ses responsabilités. Mais est-ce bien différent de ce qui peut se produire dans le monde du papier ?

137 / Les professionnels (B to B) ont peut-être ici un avantage sur les consommateurs (B to C), surtout si les partenaires en échanges électroniques sont en relation d'affaires continues. L'Échange de données informatisées (EDI) a indiqué depuis longtemps la solution, une solution contractuelle : l'accord d'interchange est un contrat spécialisé qui organise les échanges électroniques entre partenaires commerciaux. Une solution de ce type permettra de dire ce qu'il faut faire si le verdict de la vérification de la signature est négatif. Et surtout, un accord contractuel permettra d'imposer la vérification de la signature électronique aux destinataires récalcitrants.

138 / Voilà en effet, l'inconvénient principal : comment obliger le destinataire à vérifier la signature ? Pour l'instant, le droit n'offre pas de solution autre que contractuelle. Les articles nouveaux 1316 à 1316-4 sont là pour donner une valeur légale à la signature et en faire un moyen de preuve. Tout ce livre du Code civil est consacré à la façon dont les actes sous-seing privé (et les actes authentiques) sont valides. La logique du texte ne permet pas d'obliger le destinataire ou le simple lecteur à vérifier la validité du texte à travers celle de la signature. On peut obliger le signataire à respecter certaines règles

© Éditions Litec

La validité juridique de la signature avancée 63

pour apposer sa signature. On ne peut pas obliger le lecteur à apprécier de telle ou telle façon la validité d'une signature qui a l'inconvénient de ne pas sauter aux yeux !

139 / Voilà pourquoi le droit français ne dit pas grand-chose sur la question, pas plus d'ailleurs que la directive. L'annexe IV ne formule que quelques «recommandations» portant sur la moulinette qui va opérer la vérification. Le «*dispositif de vérification de signature*» est défini comme «*un dispositif logiciel ou matériel configuré pour mettre en application les données afférentes à la vérification de signature*» (c'est-à-dire la clé publique). Voici les recommandations de la directive :

> **Annexe IV – Recommandations pour la vérification sécurisée de la signature**
>
> Durant le processus de vérification de la signature, il convient de veiller, avec une marge de sécurité suffisante, à ce que :
>
> a) les données utilisées pour vérifier la signature correspondent aux données affichées à l'intention du vérificateur ;
>
> b) la signature soit vérifiée de manière sûre et que le résultat de cette vérification soit correctement affiché ;
>
> c) le vérificateur puisse, si nécessaire, déterminer de manière sûre le contenu des données signées ;
>
> d) l'authenticité et la validité du certificat requis lors de la vérification de la signature soient vérifiées de manière sûre ;
>
> e) le résultat de la vérification ainsi que l'identité du signataire soient correctement affichés ;
>
> f) l'utilisation d'un pseudonyme soit clairement indiquée et
>
> g) tout changement ayant une influence sur la sécurité puisse être détecté.

© Éditions Litec

Chapitre 6 | La signature électronique dans l'administration de la preuve

140 / La loi n° 2000-230 du 13 mars 2000 est relative à la signature électronique. Elle vise également un objectif ambitieux contenu dans son appellation l'*adaptation du droit de la preuve aux technologies de l'information*. Le droit français y était d'ailleurs invité par la directive qui énonce dans son article 5.2. que « les États membres veillent à ce que les signatures électroniques avancées basées sur un certificat qualifié et créées par un dispositif sécurisé de création de signature (…) soient recevables comme preuves en justice ».

Section 1
LA PREUVE DE L'ÉCRIT ÉLECTRONIQUE

1. L'écrit électronique et sa preuve

141 / La réforme du printemps 2000 comporte une innovation fondamentale et de bon sens : l'ouverture du Code civil aux formes électroniques de l'informatique. Le législateur a décidé d'intégrer les donnés sans les subordonner à la primauté de l'écrit, comme cela avait été envisagé dans les travaux préparatoires à la loi. Au contraire, l'écrit comprend désormais deux modalités : le support écrit traditionnel et la forme électronique. Pour la première fois aussi, le Code définit la notion d'écrit comme *une suite de lettres, de caractères, de chiffres ou de tous autres signes ou symboles* (1). L'écrit reste comme auparavant

---

(1) Art. 1316 nouveau du C. civ. : « La preuve littérale ou preuve par écrit résulte d'une suite de lettres, de caractères, de chiffres ou de tous autres signes ou symboles

le moyen dominant d'apporter la preuve et l'écrit électronique bénéficie désormais du même pouvoir :

> C. civ., art. 1316 (nouveau). – *La preuve littérale ou preuve par écrit résulte d'une suite de lettres, de caractères, de chiffres ou de tous autres signes ou symboles dotés d'une signification intelligible, quels que soient leur support et leurs modalités de transmission.*

142 / Mais comme pour la signature électronique, l'écrit de forme électronique doit être accompagné de certaines caractéristiques qui vont de soi dans l'écrit-papier traditionnel mais qui devront être vérifiées dans le contexte électronique. Selon l'article 1316-1, il faut «*que puisse être dûment identifiée la personne dont il émane et qu'il soit établi et conservé dans des conditions de nature à en garantir l'intégrité*». Pour l'écrit traditionnel, il peut être simple de déterminer son origine : papier à entête, indication de l'auteur en toutes lettres, éléments postaux, etc. La chose est plus délicate en électronique surtout s'il y a télétransmission. Il y a aussi la question de la pérennité du support : malgré une apparente fragilité, le papier peut se conserver plusieurs siècles. Quant à l'écrit électronique, il ne possède pas de support et n'est constitué que d'informations élémentaires qui peuvent cheminer par des voies différentes et donc se perdre pendant les télétransmissions. D'où une exigence d'intégrité à respecter.

143 / À noter également qu'authentification et intégrité sont réclamées au moment de la *formation de l'écrit* sous forme électronique, mais encore pendant la *conservation de l'écrit*, ce qui va avoir, comme on le verra plus tard, des incidences sur l'archivage.

144 / Au total, toutes les combinaisons de moyens techniques garantissant l'identification et l'intégrité sont valables. Parmi celles-ci, la signature électronique. Mais entendons-nous bien, la signature électronique est un moyen primordial d'administrer la preuve, mais pas le moyen unique !

2. Les caractéristiques de la preuve électronique

145 / Quelles sont donc les caractéristiques de la «preuve électronique»? Il importe de dire un mot sur la preuve écrite et la

---

dotés d'une signification intelligible, quels que soient leur support et leurs modalités de transmission».

preuve électronique, en particulier sur le point de savoir si l'une surclasse l'autre. Les deux étapes habituelles dans l'étude de la preuve sont : *admissibilité* et *portée* (2). La réforme du printemps 2000 répond à ces deux points.

> Admissibilité, art. 1316-1 :
> *L'écrit sous forme électronique est admis en preuve au même titre que l'écrit sur support papier.*
> Portée, art. 1316-3 :
> *L'écrit sur support électronique a la même force probante que l'écrit sur support papier.*

146 / Il y a donc égalité totale entre la preuve de l'écrit (sur support papier) et la preuve (de l'écrit sous forme) électronique. En cas de dualité de preuves portées devant un juge, ce dernier ne pourra donner sa préférence à l'une des modalités plutôt qu'à l'autre. Il choisira celle qui lui semblera la plus pertinente, comme le lui propose l'article 1316-2 :

> Art. 1316-2 : *Lorsque la loi n'a pas fixé d'autres principes, et à défaut de convention valable entre les parties, le juge règle les conflits de preuve littérale en déterminant par tous moyens le titre le plus vraisemblable quel qu'en soit le support.*

147 / On a noté également que la loi peut dans certaines hypothèses imposer des règles dans l'administration de la preuve. Il est encore possible entre les partenaires en échanges électroniques de déterminer par un contrat leur propre système de preuve ; on parle généralement de convention de preuve. Pour reprendre une idée formulée plus haut à propos de l'intérêt d'un contrat spécialisé entre les partenaires (type accord d'interchange) pour imposer la vérification de la signature, cet accord contractuel peut encore constituer une convention de preuve : les parties y pourront déterminer qu'elles utilisent la signature pour établir la preuve de l'écrit électronique.

---

(2) Pour les non-juristes : l'admissibilité est la possibilité de produire un moyen en justice aux fins de preuve car certains moyens peuvent être refusés. La portée traduit l'efficacité du moyen (surtout en face de moyen de preuve contraire).

© Éditions Litec

3. L'apport de la signature à l'administration de la preuve

148 / L'article 1316-1 exige de l'écrit électronique une garantie d'authentification « la personne dont il émane » et une garantie d'intégrité (dans l'établissement et la conservation). Toutes les mesures de sécurité capables de garantir ces points permettront aux messages et fichiers d'obtenir la qualification d'*écrit sous forme électronique* et d'être un bon moyen de preuve.

149 / Naturellement on aura remarqué que l'écrit électronique exige des garanties qui sont celles de la signature électronique avancée. On en tirera deux conclusions fondamentales :
– une signature électronique valide c'est-à-dire conforme à l'article 1316-4 permettra efficacement à tout ensemble de données d'acquérir la qualité d'écrit (sous forme) électronique et la force probante qui s'y attache (c'est-à-dire la même que s'il s'agissait d'un écrit sur papier) ;
– la signature électronique a un intérêt a posteriori pour l'administration de la preuve et non a priori pour la validité de l'écrit électronique. Cette conclusion est à considérer dans les processus de dématérialisation documentaire (3).

4. La validité de la signature (avancée) dégradée

150 / Voici un point qui peut sembler curieux. Il est vrai qu'en matière de signature manuscrite, une signature dégradée se conçoit difficilement (et pourtant, le paraphe?). Les modes dégradés sont cependant plus fréquents dans le monde technique. Aussi la complexité de la signature électronique fait qu'elle peut se présenter comme dégradée si certains de ses composants techniques n'ont pas atteint les paramètres optimaux, par exemple le dispositif de création de signature peut s'avérer non *sécurisé* selon les termes de la directive (c'est-à-dire non conforme aux exigences de l'annexe III) ou encore, le certificat peut s'avérer non *qualifié* (c'est-à-dire non conforme aux exigences de l'annexe I).

---

(3) Pour l'instant, c'est-à-dire au jour de publication de cet ouvrage, le formalisme juridique reste un obstacle insurmontable. Lorsqu'un texte juridique exige un support écrit pour un acte juridique, la dématérialisation sauvage ne saurait créer un acte électronique valide même en prenant la précaution de munir la forme dématérialisée d'une signature électronique (voir cependant l'annexe 6).

151 / Une typologie de la dégradation est esquissée dans l'article 5.2., «Effets juridiques de la signature électronique de la directive» :

> 2. Les États membres veillent à ce que l'efficacité juridique et la recevabilité comme preuve en justice ne soient pas refusées à une signature électronique au seul motif que :
> – la signature se présente sous forme électronique
> ou
> – qu'elle ne repose pas sur un certificat qualifié
> ou
> – qu'elle ne repose pas sur un certificat qualifié délivré par un prestataire accrédité de service de certification
> ou
> – qu'elle n'est pas créée par un dispositif sécurisé de création de signature.

152 / Lue à la lumière du droit interne, il semble qu'on puisse en déduire que la signature électronique avancée si elle est dégradée doive toujours être *recevable* en justice. Par contre, sa *portée* risque d'être atténuée par rapport à une signature riche de tous les attributs requis.

153 / Autre conséquence de cet article : le lecteur aura remarqué que le terme «avancée» n'est pas employé par le 5.2., au contraire du 5.1. À mon avis, cela permet d'appliquer l'article à la signature électronique simple. Elle aussi devra être recevable comme preuve en justice, mais sans doute dans un autre contexte que celui de l'acte sous-seing privé électronique, par exemple sur le seul plan technique ou encore, comme un des éléments d'un *recommandé électronique*.

Section 2
PREUVE ET ARCHIVAGE

154 / Il reste à traiter la question de la conservation des messages électroniques et de leur signature (4). La réponse est classique mais

---

(4) Parmi les États membres de l'Union européenne, le Portugal est un des pays qui s'est penché avec attention sur la question de la conservation. Les bases de l'analyse juridique portugaise sur la conservation des actes et documents sont exposées dans le chapitre 9 d'un document officiel, le Livre Vert sur la Société de l'Information au Portugal d'avril 1997. Les rédacteurs ont constaté que l'utilisation du papier a décrû de façon significative ces dernières années avec la multiplication de moyens électroniques de stockage qui fournissent des supports présentant pour l'utilisateur de très nombreux avantages. Mais l'absence d'un cadre légal couvrant la validité des informations digitales

quelquefois inattendue pour les non-juristes : la conservation (5) ne doit pas s'arrêter à la durée de vie des matériels techniques d'archivage mais plutôt à la durée de conservation des documents fixée par la loi. L'idée est simple mais ne peut être isolée du processus de signature électronique ; il faut une signature fiable + conservation fiable. On ne doit pas perdre de vue la finalité de l'opération : aboutir à un véritable écrit électronique susceptible d'être administré à titre de preuve.

155 / La nouveauté de la question reposant dans l'utilisation de la signature électronique, le Conseil d'État dans son rapport sur les réseaux numériques (voir en bibliographie) indiquait la direction : «... *lorsqu'un message électronique est présenté pour établir la preuve d'un acte, il est présumé doté de la force probante d'un écrit sous signatures privées s'il est accompagné d'un certificat délivré par un tiers certificateur accrédité, indépendant du signataire, dans des conditions précisées par décret, qui garantissent l'intégrité du message, l'imputabilité à l'auteur désigné et sa conservation durable* (6)».

156 / La réforme du Code civil coupant court à tout débat entre fiabilité et durabilité se contenta de reprendre la garantie technique d'intégrité. L'article 1316-1 indique que *l'écrit sous forme électronique doit être établi et conservé dans des conditions de nature à en garantir l'intégrité.*

---

sur la même base que le support papier traditionnel a conduit à une sous-utilisation des nouvelles méthodes disponibles avec les documents électroniques. Il est devenu nécessaire de créer un cadre légal et un support organisationnel pour comparer des documents issus de l'électronique et archivés dans un ordinateur avec des documents écrits de même type. Certains aspects doivent être considérés dans ce cadre légal, ainsi :
– l'informatisation, les procédures d'archivage et les accès ultérieurs ne doivent pas être susceptibles d'altérer le contenu des documents (garantie d'intégrité requise),
– l'organisation des systèmes de traitement des documents électroniques, des procédures journalières, des chargements et d'insertion de l'information doit être définie et supervisée par une entité indépendante,
– les audits de ces systèmes doivent être adaptés et différenciés de ceux appliqués aux systèmes des documents sur papier,
– les systèmes doivent enregistrer tous les changements apportés aux documents et susceptibles de le transformer en un nouveau document.
Le décret-loi relatif à la signature électronique du 2 août 1999 a apporté les premières réponses à ces questions.
(5) Petite précision terminologique : conservation et archivage renvoient à la même réalité. L'une appartient plutôt au vocabulaire des juristes, l'autre des techniciens. Ou plus exactement la conservation est ce qu'on recherche au moyen de l'archivage.
(6) On exige habituellement de la conservation qu'elle soit durable. Mais, le C. civ. définit la durabilité comme résultant d'une modification irréversible du support (art. 1348, al. 2). En conséquence, la conservation doit simplement être fiable. Il n'existe aucune description précise d'une «conservation fiable» alors que l'on sait que la «signature fiable» renvoie au moyen électronique et tout son cortège (clés privée et publique, certificat, tiers, etc.). En cas de contestation, ce sera au juge d'apprécier les modalités de la conservation pour dire s'il les estime fiables.

© Éditions Litec

157 / Les conditions et modalités de la conservation technique ne sont pas neutres au regard des effets juridiques. Cette constatation avait déjà été faite par le Conseil supérieur de l'ordre des experts comptables dans un rapport publié en 1998 sur *l'archivage électronique*. Pour étendre cette réflexion aux échanges électroniques sécurisés par des signatures électroniques, l'association IALTA France et le Conseil supérieur de l'ordre des experts comptables ont créé un groupe de travail commun qui a publié en juillet 2000 un *Guide de l'archivage sécurisé* (7). Les travaux du groupe de travail ont été grandement confortés par l'intervention de l'Association des professionnels de la gestion électronique des documents (APROGED) permettant d'implémenter dans le processus la norme Z 42-013 sur l'archivage électronique.

158 / À l'issue de la transaction électronique, que le message ait produit des effets juridiques ou non, on n'en a pas terminé avec lui. On entre dans une phase post-transactionnelle, principalement marquée par un processus d'archivage. À l'issue d'un envoi de messages sécurisés, on ne peut faire moins que de procéder à un archivage sécurisé. Si on archive en interne, ce qui semble la solution la plus évidente est aussi la plus discutable. En effet, en cas de problème interne ou de litige avec les partenaires aux échanges électroniques, comment s'assurer que le message sur lequel on raisonne est bien le message considéré ? Comme le message est resté sous le contrôle de l'utilisateur, celui-ci avait tout loisir de le modifier et le rectifier. À moins qu'on ait pris une sorte d'instantané du message qui puisse donner toutes les garanties lorsque c'est nécessaire. Cet instantané est une clé ou une signature électronique. Pour renforcer la garantie, il sera confié, par exemple via un échange électronique, à un archiveur distant, encore appelé *tiers archiveur*.

159 / Autre possibilité, puisqu'on pense à faire intervenir un tiers archiveur, pourquoi ne pas lui transférer la totalité des éléments à archiver ? La norme Z 42-013 expose notamment dans son chapitre 10 option H qu'il est possible de confier à un tiers extérieur le soin de conserver pour son compte ses documents électroniques ou leur empreinte à des fins probatoires.

---

(7) Les recommandations du groupe commun, outre IALTA France, le Conseil supérieur (OEC) et l'Aproged, sont parrainées par Édificas (organisation EDI des experts-comptables), le Conseil national des greffiers des tribunaux de commerce, la Chambre nationale des huissiers de justice, le Conseil supérieur du notariat, le Cigref, la Caisse nationale d'assurance maladie, l'Association française de l'audit et du conseil informatique et la Compagnie nationale des commissaires aux comptes. Ce rapport est en téléchargement libre sur les sites web des organisations ci-dessus citées.

© Éditions Litec

160 / Au total, le guide raisonne autour de la méthode opératoire suivante :

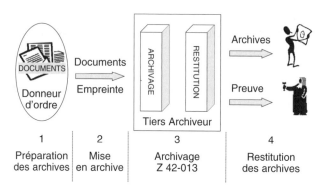

161 / Dans la phase 1 ci-dessus, l'utilisateur prépare la mise en archive. À cette fin, il récupère dans le système de stockage (disque dur, par exemple) de son ordinateur, le message à archiver et sa signature électronique. En principe, la signature électronique devrait figurer dans le message ; on se souviendra que la signature peut avoir voyagé indépendamment du message auquel elle se rapporte. Enfin il faut nécessairement archiver le certificat électronique qui apporte simultanément la clé publique nécessaire au *rejeu* de la vérification et la garantie du certificateur que la clé publique appartient à un bénéficiaire, porteur par ailleurs, de la clé privée correspondante et qui a servi à chiffrer la signature.

162 / Dans les travaux du groupe de travail, l'hypothèse retenue est celle d'un tiers archiveur distant à qui l'utilisateur transmet par voie électronique les éléments à archiver. L'ensemble des trois éléments lui sera envoyé dans des conditions telles que le niveau de sécurité des échanges électroniques soit maintenu. L'archiveur qui recevra les éléments devra pouvoir identifier son client, besoin d'authentification. La mission de l'archiveur est de conserver les informations dans l'état où il les a reçues pour pouvoir les restituer à l'identique ultérieurement. Ce qui suppose en amont qu'il ait bien reçu les informations que l'utilisateur a voulu lui confier, d'où un besoin renforcé d'intégrité des informations.

163 / On retrouve ici le même couple de garanties sécuritaires que dans la signature électronique : authentification et intégrité. Mais alors que dans la signature, l'authentification prenait le pas sur l'intégrité, dans l'archivage, c'est l'intégrité qui est prioritaire.

© Éditions Litec

La signature électronique dans l'administration... 73

164 / Aussi les éléments à envoyer à l'archiveur seront regroupés en lots (8) qui seront scellés par une signature électronique pour garantir la sécurité de l'envoi de la phase 2. Si le lecteur a compris que le lot signé comprenait un message électronique signé, il a vu juste...

165 / Après réception et vérification de la signature, le tiers archiveur (9) pourra stocker les éléments. C'est la phase 3. Primitivement le groupe de travail ne voulait pas considérer toutes les phases de l'opération. En amont, l'utilité et les effets juridiques du message électronique signé ne le concernaient pas, pas plus que l'administration de la preuve en justice, en aval de la phase 4. Un point inconnu est la manière dont l'archiveur assure concrètement l'intégrité de la conservation. Il est vrai que c'est son métier et sa responsabilité professionnelle. Aujourd'hui on peut ajouter pour être rassurant que les normes et standards peuvent apporter beaucoup. Une norme récente se prête tout à fait à cet exercice, la norme Z 42-013 (10).

166 / En phase 4, lorsque le besoin de récupérer les archives se fera sentir, une demande de restitution sera présentée par le client ou tout autre organisme habilité au tiers archiveur. Après déstockage du lot demandé, l'archiveur le préparera pour expédition au demandeur. Dans cette phase qui poursuivra les flux électroniques, il importe que l'intégrité soit préservée sans négliger le fait que le client doive être assuré que c'est l'archiveur qui lui renvoie ses informations. Un

---

(8) Le groupe de travail a voulu raisonner à partir de la notion de lot pour les opérations d'archivage. En effet, l'archiveur doit rester neutre par rapport aux informations. Si on considère que le message incorpore sa signature voyage d'un côté, le certificat peut voyager d'un autre. Dans ce cas, l'archiveur ne dispose d'aucun moyen de savoir que le second message est i) un message électronique et ii) qu'il se réfère à un message précédent. Dans le monde réel, l'archivage se réalise par stockage de boîtes en carton rassemblant les éléments à conserver, sans que l'archiveur sache nécessairement ce qui est dedans. Cela renvoie à un niveau moyen de confidentialité facile à justifier. D'autre part, les informations à archiver ou les lots qui les contiennent peuvent être chiffrés. Le lien entre message signé et certificat doit être géré par le client lui-même. Le client devra peut-être encore gérer d'autres spécificités. Par exemple, si le lot à archiver comprend plusieurs messages signés... Le guide de l'archivage sécurisé décrit toutes les informations de service qu'il sera nécessaire d'ajouter aux lots à ces fins.

(9) À proprement parler, le tiers archiveur n'est pas une tierce partie de confiance, il ne participe pas aux procédures de certification, il est comme l'émetteur ou le destinataire du message, un utilisateur de signature électronique.

(10) La norme Afnor NF Z42-013 décrit de façon spécifique pour le domaine de la GED et particulièrement pour celui de l'archivage électronique les principes permettant de s'assurer que les systèmes sont bien conçus et que leur exploitation respecte des procédures répertoriées et sécurisées. La finalité de cette norme est d'assurer l'intégrité et la fidélité des documents électroniques, stockés ou restitués au travers des systèmes de GED ainsi que la pérennité de l'archivage dans le cadre de la durée de conservation souhaitée. Les recommandations qui en découlent sont d'ordre technique, procédural et organisationnel.

© Éditions Litec

envoi sécurisé sera garanti par l'utilisation d'une nouvelle signature électronique.

167 / Ainsi comme l'exigence en a été annoncée par le Code civil, l'intégrité doit être préservée tout au long du cycle de vie de l'écrit sous forme électronique. Dans la phase transactionnelle, l'intégrité est permanente grâce à la signature électronique. Dans la phase post-transactionnelle de l'archivage, l'intégrité est encore garantie par la signature électronique, en début et en fin de traitement, et la norme NZ 42-13 se charge du reste.

168 / L'accord d'interchange signalé plus haut, qui comporte déjà des dispositions sur la vérification obligatoire de la signature et l'utilisation de la signature avancée comme moyen de preuve, peut encore imposer entre les parties des règles spécifiques pour la conservation, faisant par exemple référence aux *Recommandations pour l'archivage sécurisé*.

© Éditions Litec

Annexe 1 | Première rencontre avec les certificats électroniques

Votre première rencontre avec les certificats électroniques pourrait se dérouler... à l'occasion de la réception d'un message signé ou certifié. En effet, quoique le grand public des utilisateurs d'internet ne le sache pas toujours, les certificats sont déjà pris en compte par la plupart des logiciels d'application internet, comme les gestionnaires de messagerie et les navigateurs web.

1. Windows et les certificats

Un ordinateur sous Windows possède une gestion globale de la couche internet à laquelle on peut accéder de différentes façons. Par exemple, allez à *Démarrer*, puis *Panneau de configuration* et enfin à *Options internet*. Voyez l'onglet *Contenu*, qui contient une partie intitulée *certificats*. Cliquer sur le bouton *Organismes*.

Une nouvelle fenêtre vous donne le nom de quelques certificateurs, mais surtout des certificats qui sont reconnus par votre système.

Cette couche certificat est utilisée par tous les logiciels qui accèdent à internet pour des applications diverses, comme la navigation sur le web ou la messagerie électronique.

2. Signature et certificat

Je m'arrêterai au cas d'Outlook, le gestionnaire de messagerie fourni par Microsoft, d'une part parce que ce logiciel est largement répandu et d'autre part parce qu'une de ses versions, Outlook Express est gratuite. Il arrivera donc prochainement au lecteur de recevoir un message certifié.

© Éditions Litec

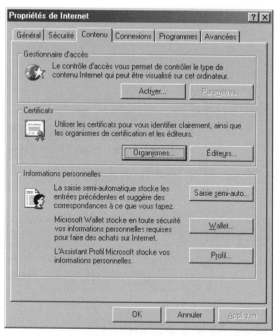
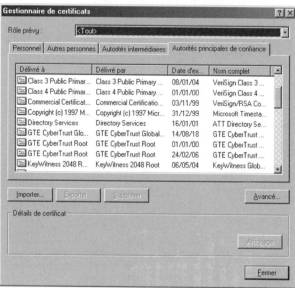

Première rencontre avec les certificats électroniques 77

Le propos de cette annexe n'est pas d'expliquer comment créer pratiquement des signatures électroniques dans les messages générés dans Outlook, ni à destination, comment les vérifier. Pour s'initier, je conseille de se reporter à un ouvrage technique spécialisé. L'objectif est ici de montrer comment les indications et spécifications du logiciel correspondent à ce que j'ai décrit dans le corps de cet ouvrage. Ou encore, pour permettre au lecteur qui aura reçu un message signé, de découvrir sur le tas comment gérer cette signature à travers les fenêtres de traitement du logiciel.

Avant de tenter cette découverte, attention... À titre d'ultime révision, je propose au lecteur cet extrait du message d'aide de Outlook.

> Avec «l'identification numérique» de Outlook Express, vous pouvez prouver votre identité lors de transactions électroniques de la même manière que vous présentez votre carte d'identité à un employé de l'administration. Cette identification numérique peut aussi vous servir à chiffrer des messages pour les rendre inviolables. Les identifications numériques intègrent la norme S/MIME pour le courrier électronique sécurisé.
>
> **Comment fonctionnent les identifications numériques?**
>
> Une identification numérique inclut une *clé publique*, une *clé privée* et une *signature numérique*. Signer numériquement un message revient à ajouter votre signature numérique et votre clé publique à ce message. La combinaison d'une signature numérique et de la clé publique est appelée *certificat*...

Question au lecteur : de quelle signature s'agit-il? D'une simple signature numérique, garante de l'authentification de l'émetteur du message. Et pourtant, l'intégrité n'est pas mentionnée. Il n'est évidemment pas question d'une dimension juridique pour cette prétendue signature : où est la certitude que le message a bien été émis de façon volontaire par un être humain? Comment être sûr que l'émetteur a bien consenti au contenu juridique (droits et/ou obligations) d'un message électronique qui est un acte juridique au sens du Code civil?

3. Vous recevez votre premier message signé !

Si c'est la première fois qu'un message signé est reçu, le logiciel n'est pas en état de reconnaître la validité de la signature. Aussi lorsque le destinataire ouvrira la fenêtre de lecture du message, il trouvera dans la zone message de cette fenêtre l'alerte suivante :

En quelques mots qui apparaîtront sibyllins au néophyte, tout est dit : signature et garantie d'authentification. À gauche de la zone de service grisée, vous apercevrez une icône représentant un sceau rouge, cliquez pour voir apparaître le menu de service avec les choix suivants qui seront commentés plus loin :
– Choix 1 : *Afficher les propriétés de service*,
– Choix 2 : *Afficher la signature d'identification numérique*,
– Choix 3 : *Modifier l'approbation*,
– Choix 4 : *Aide sur les messages sécurisés*.

Entrons dans le vif du sujet par le choix n° 1. L'expression «propriétés» de service (choix 1) renvoie aux propriétés attachées à chaque fichier dans l'environnement Windows et non à un concept particulier du monde de la certification. L'onglet *Généralités* rappelle l'état civil du message : son nom, son auteur, les date et heure de création, sa taille, etc., tandis que l'onglet *Détails* ne restitue que les données relatives à la gestion du routage dans internet. C'est l'onglet *Sécurité* qui nous intéresse : il nous informe sur l'état de la signature et sur l'éventualité que le message soit chiffré. Les informations sur l'*identité numérique* correspondent naturellement au certificat électronique dont nous pouvons découvrir les caractéristiques en cliquant sur les deux boutons.

© Éditions Litec

Première rencontre avec les certificats électroniques

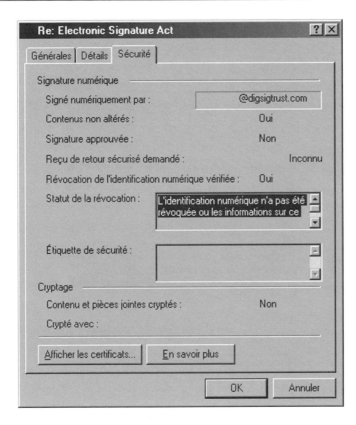

Le bouton de gauche permet d'ajouter le certificat au *carnet* qui contient tous les certificats envoyés par les correspondants et que le logiciel saura gérer ensuite automatiquement lorsqu'il recevra un message signé d'un émetteur déjà connu (par son certificat).

On atteint le certificat avec le bouton de gauche. Notez que l'onglet *Généralités* indique, entre autres, la durée de validité du certificat. Le bouton *Installer le certificat* renvoie un « assistant Windows » qui vous permet de gérer au mieux le carnet de certificats. Voyez que le second bouton donne accès à une fenêtre texte où des informations spécifiques, ici une limite de responsabilité, vous sont données. En pressant sur le bouton *Plus d'infos*, le navigateur se chargera automatiquement pour vous emmener sur le site du certificateur.

© Éditions Litec

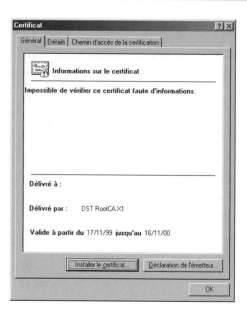

Première rencontre avec les certificats électroniques   81

Retour à la fenêtre d'arrivée du certificat. L'onglet *Détails* vous donne… tous les détails, c'est-à-dire le contenu du certificat électronique. Vous verrez ci-dessous quelques-unes des données (nom de rubrique et valeur) que l'ascenseur vous permet de découvrir, y compris la valeur de la clé publique.

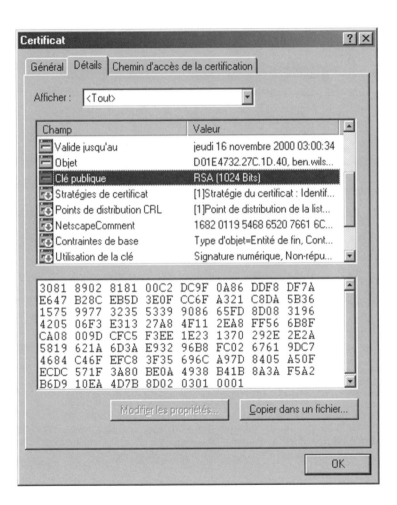

Vous pouvez copier le certificat dans un fichier via le bouton de droite qui vous renvoie à l'assistant Windows. Le bouton de gauche n'est actif que dans quelques cas.

Nous avons ainsi quasiment fait le tour des possibilités avec le choix n° 1 du menu derrière l'icône représentant un sceau rouge (fenêtre de message). Le choix n° 2 permet d'accéder directement au certificat et le choix n° 3 au menu d'aide. Le choix n° 4 *Modifier l'approbation* permet au destinataire du message de nuancer la confiance qu'il a dans le certificat. On le voit ci-dessous :

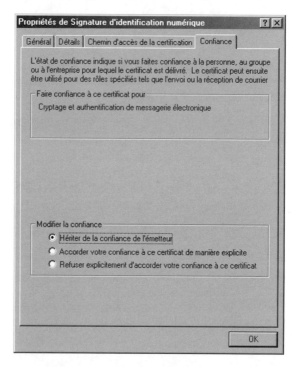

En conclusion, la gestion des certificats électroniques est déjà implémentée dans la plupart des logiciels de messagerie. Pour une véritable signature, il faudra un logiciel spécifique.

Annexe 2 | La directive communautaire signature électronique

Article premier – Champ d'application

L'objectif de la présente directive est de faciliter l'utilisation des signatures électroniques et de contribuer à leur reconnaissance juridique. Elle institue un cadre juridique pour les signatures électroniques et certains services de certification afin de garantir le bon fonctionnement du marché intérieur.

Elle ne couvre pas les aspects liés à la conclusion et à la validité des contrats ou d'autres obligations légales lorsque des exigences d'ordre formel sont prescrites par la législation nationale ou communautaire ; elle ne porte pas non plus atteinte aux règles et limites régissant l'utilisation de documents qui figurent dans la législation nationale ou communautaire.

Article 2 – Définitions

Aux fins de la présente directive, on entend par :

1) « signature électronique », une donnée sous forme électronique, qui est jointe ou liée logiquement à d'autres données électroniques et qui sert de méthode d'authentification ;

2) « signature électronique avancée » une signature électronique qui satisfait aux exigences suivantes :

    a) être liée uniquement au signataire ;
    b) permettre d'identifier le signataire ;
    c) être créée par des moyens que le signataire puisse garder sous son contrôle exclusif,
    et
    d) être liée aux données auxquelles elle se rapporte de telle sorte que toute modification ultérieure des données soit détectable ;

3) « signataire », toute personne qui détient un dispositif de création de signature et qui agit soit pour son propre compte, soit pour celui d'une entité ou personne physique ou morale qu'elle représente ;

4) « données afférentes à la création de signature », des données uniques, telles que des codes ou des clés cryptographiques privées, que le signataire utilise pour créer une signature électronique ;

5) « dispositif de création de signature », un dispositif logiciel ou matériel configuré pour mettre en application les données afférentes à la création de signature ;

6) « dispositif sécurisé de création de signature », un dispositif de création de signature qui satisfait aux exigences prévues à l'annexe III ;

7) « données afférentes à la vérification de signature », des données, telles que des codes ou des clés cryptographiques publiques, qui sont utilisées pour vérifier la signature électronique ;

8) « dispositif de vérification de signature », un dispositif logiciel ou matériel configuré pour mettre en application les données afférentes à la vérification de signature ;

9) « certificat », une attestation électronique qui lie des données afférentes à la vérification de signature à une personne et confirme l'identité de cette personne ;

10) « certificat qualifié », un certificat qui satisfait aux exigences visées à l'annexe I et qui est fourni par un prestataire de service de certification satisfaisant aux exigences visées à l'annexe II ;

11) « prestataire de service de certification », toute entité ou personne physique ou morale qui délivre des certificats ou fournit d'autres services liés aux signatures électroniques ;

12) « produit de signature électronique », tout produit matériel ou logiciel, ou élément spécifique de ce produit destiné à être utilisé par un prestataire de service de certification pour la fourniture de services de signature électronique ou destiné à être utilisé pour la création ou la vérification de signatures électroniques ;

13) « accréditation volontaire », toute autorisation indiquant les droits et obligations spécifiques à la fourniture de services de certification, accordée, sur demande du prestataire de service de certification concerné, par l'organisme public ou privé chargé d'élaborer ces droits et obligations et d'en contrôler le respect, lorsque le prestataire de service de certification n'est pas habilité à exercer les droits découlant de l'autorisation aussi longtemps qu'il n'a pas obtenu la décision de cet organisme.

© Éditions Litec

Article 3 – Accès au marché

1. Les États membres ne soumettent la fourniture des services de certification à aucune autorisation préalable.
2. Sans préjudice des dispositions du paragraphe 1, les États membres peuvent instaurer ou maintenir des régimes volontaires d'accréditation visant à améliorer le niveau du service de certification fourni. Tous les critères relatifs à ces régimes doivent être objectifs, transparents, proportionnés et non discriminatoires. Les États membres ne peuvent limiter le nombre de prestataires accrédités de service de certification pour des motifs relevant du champ d'application de la présente directive.
3. Chaque État membre veille à instaurer un système adéquat permettant de contrôler les prestataires de service de certification établis sur son territoire et délivrant des certificats qualifiés au public.
4. La conformité des dispositifs sécurisés de création de signature aux conditions posées à l'annexe III est déterminée par les organismes compétents, publics ou privés, désignés par les États membres. La Commission, suivant la procédure visée à l'article 9, énonce les critères auxquels les États membres doivent se référer pour déterminer si un organisme peut être désigné.

La conformité aux exigences de l'annexe III qui a été établie par les organismes visés au premier alinéa est reconnue par l'ensemble des États membres.

5. Conformément à la procédure visée à l'article 9, la Commission peut attribuer, et publier au Journal officiel des Communautés européennes des numéros de référence de normes généralement admises pour des produits de signature électronique. Lorsqu'un produit de signature électronique est conforme à ces normes, les États membres présument qu'il satisfait aux exigences visées à l'annexe II, point f), et à l'annexe III.
6. Les États membres et la Commission œuvrent ensemble pour promouvoir la mise au point et l'utilisation de dispositifs de vérification de signature, à la lumière des recommandations formulées, pour les vérifications sécurisées de signature, à l'annexe IV et dans l'intérêt du consommateur.
7. Les États membres peuvent soumettre l'usage des signatures électroniques dans le secteur public à des exigences supplémentaires éventuelles. Ces exigences doivent être objectives, transparentes, proportionnées et non discriminatoires et ne s'appliquer qu'aux caractéristiques spécifiques de l'application concernée. Ces exigences ne doivent pas constituer un obstacle aux services transfrontaliers pour les citoyens.

© Éditions Litec

Article 4 – Principes du marché intérieur

1. Chaque État membre applique les dispositions nationales qu'il adopte conformément à la présente directive aux prestataires de service de certification établis sur son territoire et aux services qu'ils fournissent. Les États membres ne peuvent imposer de restriction à la fourniture de services de certification provenant d'un autre État membre dans les domaines couverts par la présente directive.

2. Les États membres veillent à ce que les produits de signature électronique qui sont conformes à la présente directive puissent circuler librement dans le marché intérieur.

Article 5 – Effets juridiques des signatures électroniques

1. Les États membres veillent à ce que les signatures électroniques avancées basées sur un certificat qualifié et créées par un dispositif sécurisé de création de signature :
– répondent aux exigences légales d'une signature à l'égard de données électroniques de la même manière qu'une signature manuscrite répond à ces exigences à l'égard de données manuscrites ou imprimées sur papier ;
et
– soient recevables comme preuves en justice.

2. Les États membres veillent à ce que l'efficacité juridique et la recevabilité comme preuve en justice ne soient pas refusées à une signature électronique au seul motif que :
– la signature se présente sous forme électronique
ou
– qu'elle ne repose pas sur un certificat qualifié
ou
– qu'elle ne repose pas sur un certificat qualifié délivré par un prestataire accrédité de service de certification
ou
– qu'elle n'est pas créée par un dispositif sécurisé de création de signature.

Article 6 – Responsabilité

1. Les États membres veillent au moins à ce qu'un prestataire de service de certification qui délivre à l'intention du public un certificat présenté comme qualifié ou qui garantit au public un tel certificat soit responsable du préjudice causé à toute entité ou personne physique ou morale qui se fie raisonnablement à ce certificat pour ce qui est de :

© Éditions Litec

– l'exactitude de toutes les informations contenues dans le certificat qualifié à la date où il a été délivré et la présence, dans ce certificat, de toutes les données prescrites pour un certificat qualifié ;
– l'assurance que, au moment de la délivrance du certificat, le signataire identifié dans le certificat qualifié détenait les données afférentes à la création de signature correspondant aux données afférentes à la vérification de signature fournies ou identifiées dans le certificat ;
– l'assurance que les données afférentes à la création de signature et celles afférentes à la vérification de signature puissent être utilisées de façon complémentaire, dans le cas où le prestataire de service de certification génère ces deux types de données, sauf si le prestataire de service de certification prouve qu'il n'a commis aucune négligence.

2. Les États membres veillent au moins à ce qu'un prestataire de service de certification qui a délivré à l'intention du public un certificat présenté comme qualifié soit responsable du préjudice causé à une entité ou personne physique ou morale qui se prévaut raisonnablement du certificat, pour avoir omis de faire enregistrer la révocation du certificat, sauf si le prestataire de service de certification prouve qu'il n'a commis aucune négligence.

3. Les États membres veillent à ce qu'un prestataire de service de certification puisse indiquer, dans un certificat qualifié, les limites fixées à son utilisation, à condition que ces limites soient discernables par des tiers. Le prestataire de service de certification ne doit pas être tenu responsable du préjudice résultant de l'usage abusif d'un certificat qualifié qui dépasse les limites fixées à son utilisation.

4. Les États membres veillent à ce qu'un prestataire de service de certification puisse indiquer, dans un certificat qualifié, la valeur limite des transactions pour lesquelles le certificat peut être utilisé, à condition que cette limite soit discernable par des tiers.

Le prestataire de service de certification n'est pas responsable des dommages qui résultent du dépassement de cette limite maximale.

5. Les dispositions des paragraphes 1 à 4 s'appliquent sans préjudice de la directive 93/13/CEE du Conseil du 5 avril 1993 concernant les clauses abusives dans les contrats conclus avec les consommateurs.

Article 7 – Aspects internationaux

1. Les États membres veillent à ce que les certificats délivrés à titre de certificats qualifiés à l'intention du public par un prestataire de service de certification établi dans un pays tiers soient reconnus équivalents, sur le plan juridique, aux certificats délivrés par un prestataire de service de certification établi dans la Communauté :

– si le prestataire de service de certification remplit les conditions visées dans la présente directive et a été accrédité dans le cadre d'un régime volontaire d'accréditation établi dans un État membre
ou
– si un prestataire de service de certification établi dans la Communauté, qui satisfait aux exigences visées dans la présente directive, garantit le certificat
ou
– si le certificat ou le prestataire de service de certification est reconnu en application d'un accord bilatéral ou multilatéral entre la Communauté et des pays tiers ou des organisations internationales.

2. Afin de faciliter les services de certification internationaux avec des pays tiers et la reconnaissance juridique des signatures électroniques avancées émanant de pays tiers, la Commission fait, le cas échéant, des propositions visant à la mise en œuvre effective de normes et d'accords internationaux applicables aux services de certification. En particulier et si besoin est, elle soumet des propositions au Conseil concernant des mandats appropriés de négociation d'accords bilatéraux et multilatéraux avec des pays tiers et des organisations internationales. Le Conseil statue à la majorité qualifiée.

3. Lorsque la Commission est informée de l'existence de difficultés rencontrées par des entreprises communautaires pour obtenir l'accès au marché de pays tiers, elle peut, au besoin, soumettre au Conseil des propositions en vue d'obtenir le mandat nécessaire pour négocier des droits comparables pour les entreprises communautaires dans ces pays tiers. Le Conseil statue à la majorité qualifiée.

Les mesures prises au titre du présent paragraphe ne portent pas atteinte aux obligations de la Communauté et des États membres qui découlent d'accords internationaux pertinents.

Article 8 – Protection des données

1. Les États membres veillent à ce que les prestataires de service de certification et les organismes nationaux responsables de l'accréditation ou du contrôle satisfassent aux exigences prévues par la directive 95/46/CE du Parlement européen et du Conseil du 24 octobre 1995 relative à la protection des personnes physiques à l'égard du traitement des données à caractère personnel et à la libre circulation de ces données.

2. Les États membres veillent à ce qu'un prestataire de service de certification qui délivre des certificats à l'intention du public ne puisse recueillir des données personnelles que directement auprès de la personne concernée ou avec le consentement explicite de celle-ci et

La directive communautaire signature électronique

uniquement dans la mesure où cela est nécessaire à la délivrance et à la conservation du certificat. Les données ne peuvent être recueillies ni traitées à d'autres fins sans le consentement explicite de la personne intéressée.

3. Sans préjudice des effets juridiques donnés aux pseudonymes par la législation nationale, les États membres ne peuvent empêcher le prestataire de service de certification d'indiquer dans le certificat un pseudonyme au lieu du nom du signataire.

Article 9 – Comité

1. La Commission est assistée par le «comité sur les signatures électroniques» ci-après dénommé «comité».
2. Dans le cas où il est fait référence au présent paragraphe, les articles 4 et 7 de la décision 1999/468/CE s'appliquent, dans le respect des dispositions de l'article 8 de celle-ci.
La période prévue à l'article 4, paragraphe 3, de la décision 1999/468/CE est fixée à trois mois.
3. Le comité adopte son règlement de procédure.

Article 10 – Tâches du comité

Le comité clarifie les exigences visées dans les annexes de la présente directive, les critères visés à l'article 3, paragraphe 4, et les normes généralement reconnues pour les produits de signature électronique établies et publiées en application de l'article 3, paragraphe 5, conformément à la procédure visée à l'article 9, paragraphe 2.

Article 11 – Notification

1. Les États membres communiquent à la Commission et aux autres États membres :
– les informations sur les régimes volontaires d'accréditation au niveau national ainsi que toute exigence supplémentaire au titre de l'article 3, paragraphe 7 ;
– les nom et adresse des organismes nationaux responsables de l'accréditation et du contrôle, ainsi que des organismes visés à l'article 3, paragraphe 4
et
– les nom et adresse de tous les prestataires de service de certification nationaux accrédités.

© Éditions Litec

2. Toute information fournie en vertu du paragraphe 1 et les changements concernant celle-ci sont communiqués par les États membres dans les meilleurs délais.

Article 12 – Examen

1. La Commission procède à l'examen de la mise en œuvre de la présente directive et en rend compte au Parlement européen et au Conseil pour le 19 juillet 2003 au plus tard.
2. Cet examen doit permettre, entre autres, de déterminer s'il convient de modifier le champ d'application de la présente directive pour tenir compte de l'évolution des technologies, du marché et du contexte juridique. Le compte rendu d'examen doit notamment comporter une évaluation, fondée sur l'expérience acquise, des aspects relatifs à l'harmonisation. Le compte rendu est accompagné, le cas échéant, de propositions législatives.

Article 13 – Mise en œuvre

1. Les États membres mettent en vigueur les dispositions législatives, réglementaires et administratives nécessaires pour se conformer à la présente directive avant le 19 juillet 2001. Ils en informent immédiatement la Commission.
Lorsque les États membres adoptent ces dispositions, celles-ci contiennent une référence à la présente directive ou sont accompagnées d'une telle référence lors de leur publication officielle. Les modalités de cette référence sont adoptées par les États membres.
2. Les États membres communiquent à la Commission le texte des dispositions essentielles de droit interne qu'ils adoptent dans le domaine régi par la présente directive.

Article 14 – Entrée en vigueur

La présente directive entre en vigueur le jour de sa publication au Journal officiel des Communautés européennes.

Article 15 – Destinataires

Les États membres sont destinataires de la présente directive.
Fait à Bruxelles, le 13 décembre 1999.

© Éditions Litec

ANNEXE I – *Exigences concernant les certificats qualifiés*

Tout certificat qualifié doit comporter :

a) une mention indiquant que le certificat est délivré à titre de certificat qualifié ;

b) l'identification du prestataire de service de certification ainsi que le pays dans lequel il est établi ;

c) le nom du signataire ou un pseudonyme qui est identifié comme tel ;

d) la possibilité d'inclure, le cas échéant, une qualité spécifique du signataire, en fonction de l'usage auquel le certificat est destiné ;

e) des données afférentes à la vérification de signature qui correspondent aux données pour la création de signature sous le contrôle du signataire ;

f) l'indication du début et de la fin de la période de validité du certificat ;

g) le code d'identité du certificat ;

h) la signature électronique avancée du prestataire de service de certification qui délivre le certificat ;

i) les limites à l'utilisation du certificat, le cas échéant et

j) les limites à la valeur des transactions pour lesquelles le certificat peut être utilisé, le cas échéant.

ANNEXE II – *Exigences concernant les prestataires de service de certification délivrant des certificats qualifiés*

Les prestataires de service de certification doivent :

a) faire la preuve qu'ils sont suffisamment fiables pour fournir des services de certification ;

b) assurer le fonctionnement d'un service d'annuaire rapide et sûr et d'un service de révocation sûr et immédiat ;

c) veiller à ce que la date et l'heure d'émission et de révocation d'un certificat puissent être déterminées avec précision ;

d) vérifier, par des moyens appropriés et conformes au droit national, l'identité et, le cas échéant, les qualités spécifiques de la personne à laquelle un certificat qualifié est délivré ;

e) employer du personnel ayant les connaissances spécifiques, l'expérience et les qualifications nécessaires à la fourniture des services et, en particulier, des compétences au niveau de la gestion, des connaissances spécialisées en technologie des signatures électroniques et une bonne pratique des procédures de sécurité appropriées ; ils doivent également appliquer des procédures et méthodes administratives et de gestion qui soient adaptées et conformes à des normes reconnues ;

f) utiliser des systèmes et des produits fiables qui sont protégés contre les modifications et qui assurent la sécurité technique et cryptographique des fonctions qu'ils assument ;

g) prendre des mesures contre la contrefaçon des certificats et, dans les cas où le prestataire de service de certification génère des données afférentes à la création de signature, garantir la confidentialité au cours du processus de génération de ces données ;

h) disposer des ressources financières suffisantes pour fonctionner conformément aux exigences prévues par la présente directive, en particulier pour endosser la responsabilité de dommages, en contractant, par exemple, une assurance appropriée ;

i) enregistrer toutes les informations pertinentes concernant un certificat qualifié pendant le délai utile, en particulier pour pouvoir fournir une preuve de la certification en justice. Ces enregistrements peuvent être effectués par des moyens électroniques ;

j) ne pas stocker ni copier les données afférentes à la création de signature de la personne à laquelle le prestataire de service de certification a fourni des services de gestion de clés ;

k) avant d'établir une relation contractuelle avec une personne demandant un certificat à l'appui de sa signature électronique, informer cette personne par un moyen de communication durable des modalités et conditions précises d'utilisation des certificats, y compris des limites imposées à leur utilisation, de l'existence d'un régime volontaire d'accréditation et des procédures de réclamation et de règlement des litiges. Cette information, qui peut être transmise par voie électronique, doit être faite par écrit et dans une langue aisément compréhensible. Des éléments pertinents de cette information doivent également être mis à la disposition, sur demande, de tiers qui se prévalent du certificat ;

l) utiliser des systèmes fiables pour stocker les certificats sous une forme vérifiable de sorte que :

– seules les personnes autorisées puissent introduire et modifier des données,

– l'information puisse être contrôlée quant à son authenticité,

– les certificats ne soient disponibles au public pour des recherches que dans les cas où le titulaire du certificat a donné son consentement et

– toute modification technique mettant en péril ces exigences de sécurité soit apparente pour l'opérateur.

© Éditions Litec

ANNEXE III – *Exigences pour les dispositifs sécurisés de création de signature électronique*

1. Les dispositifs sécurisés de création de signature doivent au moins garantir, par les moyens techniques et procédures appropriés, que :
  a) les données utilisées pour la création de la signature ne puissent, pratiquement, se rencontrer qu'une seule fois et que leur confidentialité soit raisonnablement assurée ;
  b) l'on puisse avoir l'assurance suffisante que les données utilisées pour la création de la signature ne puissent être trouvées par déduction et que la signature soit protégée contre toute falsification par les moyens techniques actuellement disponibles ;
  c) les données utilisées pour la création de la signature puissent être protégées de manière fiable par le signataire légitime contre leur utilisation par d'autres.
2. Les dispositifs sécurisés de création de signature ne doivent pas modifier les données à signer ni empêcher que ces données soient soumises au signataire avant le processus de signature.

ANNEXE IV – *Recommandations pour la vérification sécurisée de la signature*

Durant le processus de vérification de la signature, il convient de veiller, avec une marge de sécurité suffisante, à ce que :
  a) les données utilisées pour vérifier la signature correspondent aux données affichées à l'intention du vérificateur ;
  b) la signature soit vérifiée de manière sûre et que le résultat de cette vérification soit correctement affiché ;
  c) le vérificateur puisse, si nécessaire, déterminer de manière sûre le contenu des données signées ;
  d) l'authenticité et la validité du certificat requis lors de la vérification de la signature soient vérifiées de manière sûre ;
  e) le résultat de la vérification ainsi que l'identité du signataire soient correctement affichés ;
  f) l'utilisation d'un pseudonyme soit clairement indiquée et
  g) tout changement ayant une influence sur la sécurité puisse être détecté.

© Éditions Litec

Annexe 3 | La signature électronique dans quelques pays européens

Angleterre

Dans sa consultation publique *Licensing of Trusted Third Parties for the Provision of Encryption Services* du 19 mars 1997, le Département du commerce et de l'industrie (DTI) avait déjà inclus une section sur la signature électronique. Un groupe de travail spécialisé avait trouvé à cette occasion que dans les lois actuelles, beaucoup de mots comme *information*, *document* et *enregistrement* pouvaient voir leur sens étendu pour inclure des informations électroniques, mais que les termes de *signature* et *écrit* ne le pouvaient pas. Aussi le groupe de travail reprenant l'approche de la loi modèle de la CNUDCI proposait que ces termes intègrent leurs équivalents électroniques. D'autre part, la consultation s'interrogeait si le droit des contrats suffirait pour permettre aux parties d'accorder une valeur à la signature électronique, ou si cela nécessitait une législation spécifique établissant une présomption de validité pour les signatures électroniques.

Le 27 avril 1998, le DTI a annoncé au Parlement son intention de préparer une législation visant à ce que les entités offrant des services cryptographiques au public respectent un minimum de standards de qualité. Cette législation définit un statut légal pour les signatures électroniques en leur accordant une présomption de reconnaissance légale si des autorités de certification autorisées interviennent dans le processus. Un avant-projet a été présenté en novembre 1998 ; mais le texte définitif n'est pas encore disponible. Cependant le 11 mars 1999, le DTI a annoncé un document de consultation sur le commerce électronique qui vise, entre autres, les signatures électroniques et approfondit la réflexion.

© Éditions Litec

Allemagne

Le 13 juin 1997, la reconnaissance de la signature électronique a été approuvée par le Parlement allemand (article 3 de la loi multimédia). La loi est entrée en application le 1er août 1997. Puis une ordonnance d'application a précisé les modalités d'implémentation de la signature électronique. Elle énonce les exigences pesant sur les autorités de certification et leur régime de responsabilité aussi bien qu'un minimum d'exigences techniques pour la création de la signature électronique. L'ordonnance a pris effet le 1er novembre 1997. Elle a été amendée le 1er juillet 2001 pour l'évaluation des composants techniques en accord avec les Critères communs.

À la suite de la sortie de la directive, il a été nécessaire de revoir l'édifice législatif. En avril 2000, le ministre fédéral de l'Économie et des technologies a préparé une « loi pour l'établissement d'un cadre de signature électronique ». Ce document identifie les actions qui sont nécessaires pour la mise en conformité du droit allemand. La nouvelle loi sur la signature électronique devrait être soumise au Parlement allemand début 2001.

Un premier article sur la signature électronique a été intégré dans la législation allemande avec mise en vigueur le 1er janvier 1999 : l'article 41 des lignes directrices administratives pour la comptabilité et le paiement de la Sécurité sociale.

Belgique

En mai 1997, le Conseil des ministres belges a décidé de l'adoption d'une législation belge dans la société de l'information. Un des objectifs est l'acceptation juridique de la signature électronique. Un projet de loi sur la signature électronique a été introduit et est toujours en attente au Parlement. Cependant, le gouvernement a publié un papier sur la reconnaissance de la signature électronique incluant une revue de la législation actuelle.

Danemark

Le 22 mars 2000, le ministre de la Recherche et des technologies de l'information a publié un projet de loi sur la signature électronique largement inspiré de la directive européenne sur les signatures électroniques.

© Éditions Litec

Espagne

Le gouvernement espagnol est en train de développer une initiative basée sur l'infrastructure à clé publique (ICP) pour l'utilisation de la signature électronique entre les citoyens et les administrations publiques. En septembre 1999, le gouvernement espagnol a publié un décret royal sur la signature électronique qui confère des effets juridiques aux signatures électroniques. Le décret régulant des signatures électroniques est en relation avec les certificats : une signature électronique sera admissible comme moyen de preuve devant un tribunal si elle est basée sur un certificat accepté et a été produite par un périphérique de signature sécurisée.

Irlande

Suite à la signature d'un accord sur le commerce électronique entre l'Irlande et les États-Unis, le ministère des Entreprises publiques a publié en août 1999 un document de travail sur «les grandes lignes pour une proposition de loi sur la signature électronique, les contrats électroniques, la fourniture de services de certification et activités connexes». L'objectif était de fournir 1°) une reconnaissance législative de la signature électronique, des contrats électroniques, des écrits sous forme électronique, etc., de façon à promouvoir et encourager le commerce électronique et 2°) une base législative pour les fournisseurs de services de certification accrédités. Ces propositions distinguaient entre la signature électronique et la signature électronique avancée. Le texte prévoyait, en avance sur la sortie de la directive européenne, qu'à part quelques exceptions, les signatures électroniques avancées auront le même effet légal que les signatures traditionnelles. La mauvaise utilisation de signature électronique et la fraude y sont considérées comme des infractions prévues dans la loi sur le commerce électronique.

En juillet 2000, la loi sur le commerce électronique a été adoptée et signée par le Premier ministre irlandais. Le ministre des entreprises publiques a annoncé fin 2000 la publication d'un texte sur la politique irlandaise en matière de cryptographie et de signature électronique. Visant la reconnaissance juridique de la signature digitale, elle établit un système d'accréditation volontaire pour les autorités de certification. Les autorités de certification seront responsables de la qualité de leurs certificats. Les autorités de certification accréditées en Irlande devront pratiquer la reconnaissance mutuelle d'agrément.

© Éditions Litec

Italie

La loi n° 59 du 15 mars 1997 sur la simplification de l'administration publique a disposé dans son article 15 que l'usage de procédés électroniques était légalement valide. Puis le décret présidentiel n° 513 du 10 novembre 1997 élaboré comme texte d'application a établi la reconnaissance légale des documents électroniques, des signatures électroniques, des contrats électroniques et des paiements électroniques. Dans ce cadre, non seulement la signature électronique est équivalente à une signature manuscrite, mais encore elle peut remplacer les sceaux, timbres et toutes marques et signes divers.

Le décret présidentiel arrête également les exigences concernant les autorités de certification. Les conditions pour établir une autorité de certification sont très strictes. Seules les grandes sociétés comportant une capitalisation importante (comme les entreprises qui opèrent dans les milieux bancaires) seront autorisées à ouvrir ces services. D'autre part, une administration pourra devenir une autorité de certification pour ses agents. Si elle veut fournir les services de certification à d'autres utilisateurs, elle devra établir une société qui répondra aux conditions très strictes précitées.

Pays-Bas

En février 1998, le gouvernement hollandais a adopté une loi sur l'autoroute de l'information préparée par le ministre de la Justice. En application de ce texte, le gouvernement désire inclure quelques dispositions expérimentales dans le Code civil qui donneront aux tribunaux des éléments d'appréciation pour les litiges qui leur seraient fournis.

En ce qui concerne les exigences de forme (écrit-papier et signature) concernées par la dématérialisation, un rapport d'un groupe de travail *ad hoc* du ministère de la Justice a été publié en mars 1998. Le rapport a retenu le système de la « loi modèle pour le commerce électronique » de la CNUDCI : l'approche de l'équivalence fonctionnelle. Les documents électroniques et les signatures électroniques doivent être fonctionnellement équivalents, en d'autres mots, remplir totalement les fonctions habituelles des documents papier et des signatures manuelles, par exemple, les fonctions de preuve, d'information et de communication et la protection des tierces parties.

Le ministre de la Justice et le ministre des Transports et des travaux publics préparent désormais la mise en conformité du droit hollandais

© Éditions Litec

avec les directives européennes. À part les dispositions de la directive européenne qui seront probablement intégrées de façon littérale, la proposition devrait aussi inclure des dispositions larges et ouvertes concernant la reconnaissance légale de la signature électronique suivant l'exemple de la loi modèle sur le commerce électronique de la CNUDCI.

Suède

Le 18 mai 2000, le gouvernement a déposé devant le Parlement une proposition de législation sur la signature électronique. Cette loi propose que l'autorité de régulation des télécommunications suédoises soit l'autorité de supervision des signatures électroniques en Suède. Cette autorité commencera à préparer les dispositions d'application de la loi signée lorsque le Parlement votera le texte qui lui est proposé (1).

---

(1) Les informations ci-dessus sont données à titre d'illustration : elles ne peuvent ni être exhaustives ni complètement à jour. Le lecteur intéressé pourra s'informer sur les évolutions en cours en Europe et dans le monde du Digital Signature Law Survey à l'URL suivante : http://rechten.kub.nl/simone/ds-lawsu.htm.

© Éditions Litec

Annexe 4

La loi portant adaptation du droit de la preuve aux technologies de l'information et relatif à la signature électronique

Article 1er

I. – L'article 1316 du Code civil devient l'article 1315-1.

II. – Les paragraphes 1er, 2, 3, 4 et 5 de la section I du chapitre VI du titre III du livre III du Code civil deviennent respectivement les paragraphes 2, 3, 4, 5 et 6.

III. – Il est inséré, avant le paragraphe 2 de la section I du chapitre VI du titre III du livre III du Code civil, un paragraphe 1er intitulé : «Dispositions générales», comprenant les articles 1316 à 1316-2 ainsi rédigés :

«*Art. 1316.* – La preuve littérale ou preuve par écrit résulte d'une suite de lettres, de caractères, de chiffres ou de tous autres signes ou symboles dotés d'une signification intelligible, quels que soient leur support et leurs modalités de transmission.

Art. 1316-1. – L'écrit sous forme électronique est admis en preuve au même titre que l'écrit sur support papier, sous réserve que puisse être dûment identifiée la personne dont il émane et qu'il soit établi et conservé dans des conditions de nature à en garantir l'intégrité.

Art. 1316-2. – Lorsque la loi n'a pas fixé d'autres principes, et à défaut de convention valable entre les parties, le juge règle les conflits de preuve littérale en déterminant par tout moyen le titre le plus vraisemblable quel qu'en soit le support.»

© Éditions Litec

Article 1er bis

L'article 1317 du Code civil est complété par un alinéa ainsi rédigé :

« Il peut être dressé sur support électronique s'il est établi et conservé dans des conditions fixées par décret en Conseil d'État. »

Article 2

Après l'article 1316-2 du Code civil, il est inséré un article 1316-3 ainsi rédigé :

« *Art. 1316-3.* – L'écrit sur support électronique a la même force probante que l'écrit sur support papier. »

Article 3

Après l'article 1316-3 du Code civil, il est inséré un article 1316-4 ainsi rédigé :

« *Art. 1316-4.* – La signature nécessaire à la perfection d'un acte juridique identifie celui qui l'appose. Elle manifeste le consentement des parties aux obligations qui découlent de cet acte.

Quand elle est apposée par un officier public, elle confère l'authenticité à l'acte.

Lorsqu'elle est électronique, elle consiste en l'usage d'un procédé fiable d'identification garantissant son lien avec l'acte auquel elle s'attache. La fiabilité de ce procédé est présumée, jusqu'à preuve contraire, lorsque la signature électronique est créée, l'identité du signataire assurée et l'intégrité de l'acte garantie, dans des conditions fixées par décret en Conseil d'État. ».

Article 4

À l'article 1326 du Code civil, les mots : « de sa main » sont remplacés par les mots : « par lui-même »

Article 5

La présente loi est applicable en Nouvelle-Calédonie, en Polynésie française, à Wallis-et-Futuna et dans la collectivité territoriale de Mayotte.

© Éditions Litec

Annexe 5
Le décret d'application de l'article 1316-4

Avis au lecteur : *L'ouvrage que vous avez entre les mains aurait dû être publié pendant le dernier trimestre 2000. Mais l'éditeur et l'auteur étaient dans l'attente du décret d'application pour y mettre le point final. En désespoir de cause, il a été décidé de le publier au début du 2ᵉ trimestre 2001. Et il est arrivé ce qui devait arriver : le décret est sorti pendant que l'ouvrage était en fabrication ! Aussi pour ne pas laisser le lecteur sur sa faim, le décret est-il traité dans cette annexe.*

On trouvera ci-dessous un commentaire suivi du texte du décret. Les explications données dans l'ouvrage restent valables, à condition de comprendre que le droit français parle de « signature sécurisée » et non de « signature avancée » comme le fait la directive. Le lecteur notera également un changement dans les modalités de contrôle : la procédure d'accréditation (devenue « qualification ») possède désormais un contenu (par rapport au projet de décret – voir le paragraphe n° 102 du présent ouvrage), tandis que le contrôle de l'article 7 (du projet) devient celui de l'article 9 (du décret).

L'article 1316-4 du Code civil précise les conditions qui permettent à la signature électronique d'être considérée comme un procédé d'identification présumé fiable. Un décret en Conseil d'État devait préciser les conditions dans lesquelles la signature électronique est créée, l'identité du signataire assurée et l'intégrité de l'acte garantie. C'est chose faite avec la publication le 30 mars 2001 du décret en Conseil d'État n° 2001-272 pris pour l'application de l'article 1316-4 du Code civil et relatif à la signature électronique (*JO* du 31 mars 2001, p. 5070). Plusieurs arrêtés d'application restent à publier.

© Éditions Litec

Section 1
TERMINOLOGIE

Certains termes sont nouveaux dans le décret par rapport aux concepts de la directive ou reçoivent des précisions.

1. Une signature électronique «sécurisée»

Lors de la consultation publique de l'automne 2000 (voir § 30 et note associée), on a reproché au décret d'être trop éloigné de la directive sur le point de la signature électronique «avancée» que d'autres pays européens ont intégrée dans leur Code civil. Le décret publié devait corriger cette imperfection. Mais l'introduction de la notion de signature électronique avancée dans le décret était-elle possible alors que le texte de la loi ne la prévoyait pas? La loi ne suggère même pas qu'il puisse exister une typologie des signatures. Aussi la signature électronique avancée est-elle apparue dans le décret sous la forme d'une *signature sécurisée* (1).

---

(1) Cette innovation ressemble à un tour de passe-passe. En effet, le décret mentionne bien deux types de signature, mais qui ne correspondent pas aux deux types de signature de la directive. Regardons les deux définitions (art. 2 de la directive et art. 1er du décret) pour la signature que nous qualifierons de «simple». Si on enrichit la définition du décret des éléments du 1er alinéa de l'art. 1316-4 (*lorsqu'elle est électronique [la signature], elle consiste en l'usage d'un procédé fiable d'identification garantissant son lien avec l'acte auquel elle s'attache*), on constate que malgré la ressemblance des définitions directive / décret, elles ne visent pas le même instrument : la signature du décret est celle d'un acte et garantit un lien avec l'acte en question (via l'intégrité). Il s'agit bien d'une signature juridique, alors que la signature simple de la directive ne fait même pas allusion à l'action volontaire (voir § 20) d'un être humain (voir § 7). Quant à la signature *sécurisée* du décret, elle possède une définition semblable à celle de la signature *avancée* de la directive. Il s'agit bien du même concept.

Comme on le voit dans le décret, la signature *sécurisée* est une signature électronique de la définition précédente qui répond «en outre» à certaines exigences techniques. Or les deux types de signature ne peuvent pas s'opposer puisque la signature «simple» du décret procède de la 1re phrase du 2e alinéa de l'art. 1316-4, alors que la signature sécurisée procède de la 2e phrase... qui n'est que le prolongement de la 1re phrase. En conclusion, les deux signatures du décret, au moins dans une première approche, sont identiques. Ainsi la signature avancée a-t-elle été introduite indirectement dans le décret sans que celui-ci n'encoure une illégalité au regard du Code civil.

© Éditions Litec

2. Accréditation et «qualification» des PSC

La directive prévoit une procédure d'accréditation pour les PSC volontaires (voir § 75). Si cette procédure issue de l'ISO existe bien, il semble que la directive se soit fourvoyée dans les termes. En effet, c'est l'*organisme accréditeur* qui choisit les *organismes accrédités* qui à leur tour, auditeront les prestataires de services pour les certifier. En résumé, si l'audit est favorable, le prestataire de services de certification sera certifié. Naturellement il ne s'agit pas de la même certification (certification de service / certification X.509). Pour éviter les confusions, le décret parle de *qualification* (voir définition de l'article 1er) ce qui à tout prendre est une bonne appellation. Comme on le verra dans le décret, le *certificat qualifié* (art. 6 *ab initio*) sera délivré par un *PSC qualifié* (art. 7).

3. Précisions pour certains termes

D'une part, les PSC sont devenus des *prestataires de services de certification électronique* ou PSCE. Il semble ici encore que cette précision vise à éviter les ambiguïtés apportées par les différentes acceptions du terme «certification».

D'autre part, le destinataire d'un message signé est appelé *vérificateur* (cf. art. 5.-a du décret).

Section 2
ÉQUATION DE LA SES

La finalité du décret est inscrite dans l'article 1316-4 : on cherche à bénéficier d'un procédé d'identification fiable. Cette fiabilité ne peut être obtenue (article 2 du décret), qu'avec une *signature électronique sécurisée* ou SES.

L'équation technique est la suivante pour une SES, compte tenu que le condensé chiffré est réalisé par un *DCS* (voir § 78 et s.) et que d'autre part, la *clé publique* (voir § 69) est contenue dans un *certificat électronique* (voir § 65 et s.).

Le processus est analogue à celui prévu par la directive :

© Éditions Litec

> **SES** = Dispositif **SÉCURISÉ** de création de signature
> ⇓
> Le DCS est sécurisé si :
> 1) Exigences techniques remplies
> 2) Certification du DCS
> **ET**
> Certificat électronique QUALIFIÉ
> ⇓
> Le certificat est qualifié si :
> 1) Certificat conforme
> 2) Un PSC **QUALIFIÉ**

Section 3
EXIGENCES TECHNIQUES ET PROCÉDURE DE CONTRÔLE

Ce développement expose les exigences pesant sur chacun des composants techniques ainsi que les moyens de faire vérifier la conformité par des organismes spécialisés.

Les exigences techniques sont issues des annexes de la directive. Des différences existent cependant avec le texte de celles-ci. Dans une première approche, on peut dire qu'il s'agit de corrections correspondant à la logique et à l'esprit du droit français. Il est encore trop tôt pour envisager les conséquences extrêmes que pourraient avoir ces différences surtout dans des hypothèses concrètes de certification et/ou de signature électronique intervenant à propos d'échanges électroniques transfrontaliers dans l'Union européenne.

1. Le DCS sécurisé

Le procédé technique et les exigences sont identiques à ceux de l'annexe III de la directive. Le dispositif de création de signature électronique est sécurisé :
– s'il satisfait aux exigences définies au I de l'article 3 du décret,
– et s'il est certifié conforme à ces exigences dans les conditions prévues au II de l'article 3 du décret.

© Éditions Litec

Le contrôle est obligatoire pour attester de la conformité des spécifications techniques du DCS aux exigences de l'article 3-I. Ce type de contrôle se réfère aux procédures de certification ITSEC et Critères communs (voir § 82). En résumé, le système est le suivant :
– Le service du Premier ministre chargé de la sécurité des Systèmes d'information ou SPM-SSI (pour l'instant le SCSSI) agrée les organismes évaluateurs de DCS.
– L'évaluation prend en compte les règles fixées par un arrêté du Premier ministre.
– Le SPM-SSI prononce et publie un certificat de conformité.

Pour gérer la pluralité des évaluateurs, contrôler la mise en œuvre des procédures d'évaluation et de certification, un arrêté du Premier ministre à venir créera un *comité directeur de la certification*. L'arrêté du Premier ministre précisera :
– la composition du comité et ses missions ;
– les procédures de certification et d'évaluation des DCS et les procédures d'agrément des organismes d'évaluation, les obligations incombant à ces organismes et les conditions pour l'instruction des demandes de certification.

2. La qualification des certificats

Pour prétendre délivrer des certificats qualifiés, un PSC devra respecter les exigences techniques de l'article 6.-I. Les exigences correspondent à celles de l'annexe I de la directive.

En ce qui concerne le dispositif de vérification des certificats d'un PSCE aux exigences de l'article 6.-I, voir ci-dessous.

3. La qualification des PSCE

Un PSCE pourra demander sa qualification (2) à un organisme accrédité à cet effet. La qualification suppose d'avoir été audité favorablement sur les deux points suivants :
– les certificats doivent être qualifiés selon les termes de l'article 6-I,

---

(2) Le processus de qualification (accréditation-certification du projet) est désormais plus clair que dans le projet (voir § 103) : on sait désormais pourquoi et comment un PSCE désirerait se faire qualifier.

À noter d'autre part que la qualification procède du ministre de l'Industrie et non plus du ministre des Finances. (Au jour de parution de cet ouvrage, l'Industrie est cependant incluse dans le MINEFI.)

© Éditions Litec

– le PSCE doit satisfaire aux exigences d'organisation et de fonctionnement listées dans l'article 6-II. Ces exigences correspondent à celles de l'annexe II de la directive.

La mise en place de la procédure est la suivante :
– Le Premier ministre fixe par arrêté les règles d'évaluation.
– Le ministre de l'Industrie fixe par un arrêté à venir la procédure d'accréditation des organismes et la procédure d'évaluation et de qualification des PSCE.
– Le ministre de l'Industrie désigne par un arrêté à venir une entité qui accréditera certains organismes.
– Les organismes accrédités auditeront les PSCE.
– Les PSCE seront qualifiés par arrêté du ministre de l'Industrie.

4. Le contrôle de l'article 9

La SES met en œuvre des prestations cryptographiques étroitement réglementées par l'État. Si les utilisateurs de signature sont dispensés de formalités, le PSCE doit déclarer sa fourniture de moyens et prestations au SPM-SSI (article 28 de la loi de réforme des télécommunications). À l'occasion de cette déclaration, le PSCE indique s'il vise la conformité de ses certificats aux prescriptions de l'article 6 (3).

Le contrôle peut être effectué d'office à la déclaration ou à l'occasion de toute réclamation mettant en cause l'activité d'un prestataire de services de certification électronique. Les contrôleurs seront des organismes publics désignés par un arrêté du Premier ministre à paraître et agissant sous l'autorité du SPM-SSI.

---

(3) Ce type de contrôle existait déjà dans le projet de décret sous le nom de *contrôle de l'article 7* (§ 75 et note associée). C'est ce contrôle qui accaparait les exigences portant sur les certificats et les règles de fonctionnement du PSC. Il les partage aujourd'hui avec le système de la qualification entre les mains de l'Industrie.

Cela pose peut-être la question de la cohabitation entre contrôle de l'art. 7 et qualification. Les deux systèmes portent en effet sur les mêmes spécifications et sont assurés par des entités différentes. Cependant l'initiative de lancer le contrôle de l'art. 7 appartient au SPM-SSI soit au moment de la déclaration de fourniture de moyens cryptographiques, soit sur plainte d'un utilisateur. Par contre, l'initiative de la qualification appartient au PSCE lui-même, à n'importe quel moment. Voir aussi les différences dans les sanctions des procédures.

© Éditions Litec

Section 4
LE DISPOSITIF DE VÉRIFICATION DE SIGNATURE ÉLECTRONIQUE

La question du dispositif de vérification de signature électronique ou DVS fait son entrée avec cette version finale du décret (article 5). Cette question reste toujours aussi délicate à gérer (voir § 135). Le décret énonce les spécifications techniques à respecter, exigences déjà listées par l'annexe 4 de la directive. Une nouvelle disposition dans l'article 5 indique que le dispositif de vérification pourra faire l'objet d'une certification de même type que celle applicable au DCS sécurisé. Cette disposition semble en effet logique dans la mesure où le DVS effectue pour la vérification des traitements similaires au DCS au moment de la création (on peut le vérifier au § 133).

Décret n° 2001-272 du 30 mars 2001 pris pour l'application de l'article 1316-4 du Code civil et relatif à la signature électronique
JO, **31 mars 2001, n° 77, page 5070**
Textes généraux
Ministère de la Justice

NOR : JUSC0120141D

Le Premier ministre,
Sur le rapport de la garde des Sceaux, ministre de la Justice,
Vu la directive 1999/93/CE du Parlement européen et du Conseil en date du 13 décembre 1999 sur un cadre communautaire pour les signatures électroniques ;
Vu le Code civil, notamment ses articles 1316 à 1316-4 ;
Vu la loi n° 90-1170 du 29 décembre 1990 modifiée sur la réglementation des télécommunications, notamment son article 28 ;
Le Conseil d'État (section de l'intérieur) entendu,
Décrète :

Art. 1er. – Au sens du présent décret, on entend par :

1. « Signature électronique » : une donnée qui résulte de l'usage d'un procédé répondant aux conditions définies à la première phrase du second alinéa de l'article 1316-4 du Code civil ;

2. « Signature électronique sécurisée » : une signature électronique qui satisfait, en outre, aux exigences suivantes :
– être propre au signataire ;
– être créée par des moyens que le signataire puisse garder sous son contrôle exclusif ;
– garantir avec l'acte auquel elle s'attache un lien tel que toute modification ultérieure de l'acte soit détectable ;

3. « Signataire » : toute personne physique, agissant pour son propre compte ou pour celui de la personne physique ou morale qu'elle représente, qui met en œuvre un dispositif de création de signature électronique ;

4. « Données de création de signature électronique » : les éléments propres au signataire, tels que des clés cryptographiques privées, utilisés par lui pour créer une signature électronique ;

5. « Dispositif de création de signature électronique » : un matériel ou un logiciel destiné à mettre en application les données de création de signature électronique ;

6. « Dispositif sécurisé de création de signature électronique » : un dispositif de création de signature électronique qui satisfait aux exigences définies au I de l'article 3 ;

7. « Données de vérification de signature électronique » : les éléments, tels que des clés cryptographiques publiques, utilisés pour vérifier la signature électronique ;

8. « Dispositif de vérification de signature électronique » : un matériel ou un logiciel destiné à mettre en application les données de vérification de signature électronique ;

9. « Certificat électronique » : un document sous forme électronique attestant du lien entre les données de vérification de signature électronique et un signataire ;

10. « Certificat électronique qualifié » : un certificat électronique répondant aux exigences définies à l'article 6 ;

11. « Prestataire de services de certification électronique » : toute personne qui délivre des certificats électroniques ou fournit d'autres services en matière de signature électronique ;

12. « Qualification des prestataires de services de certification électronique » : l'acte par lequel un tiers, dit organisme de qualification, atteste qu'un prestataire de services de certification électronique fournit des prestations conformes à des exigences particulières de qualité.

Art. 2. – La fiabilité d'un procédé de signature électronique est présumée jusqu'à preuve contraire lorsque ce procédé met en œuvre une signature électronique sécurisée, établie grâce à un dispositif

© Éditions Litec

Le décret d'application de l'article 1316-4

sécurisé de création de signature électronique et que la vérification de cette signature repose sur l'utilisation d'un certificat électronique qualifié.

Chapitre Ier
Des dispositifs sécurisés de création de signature électronique

Art. 3. – Un dispositif de création de signature électronique ne peut être regardé comme sécurisé que s'il satisfait aux exigences définies au I et que s'il est certifié conforme à ces exigences dans les conditions prévues au II.

I. – Un dispositif sécurisé de création de signature électronique doit :

1. Garantir par des moyens techniques et des procédures appropriées que les données de création de signature électronique :

a) Ne peuvent être établies plus d'une fois et que leur confidentialité est assurée ;

b) Ne peuvent être trouvées par déduction et que la signature électronique est protégée contre toute falsification ;

c) Peuvent être protégées de manière satisfaisante par le signataire contre toute utilisation par des tiers.

2. N'entraîner aucune altération du contenu de l'acte à signer et ne pas faire obstacle à ce que le signataire en ait une connaissance exacte avant de le signer.

II. – Un dispositif sécurisé de création de signature électronique doit être certifié conforme aux exigences définies au I :

1. Soit par les services du Premier ministre chargés de la sécurité des systèmes d'information, après une évaluation réalisée, selon des règles définies par arrêté du Premier ministre, par des organismes agréés par ces services. La délivrance par ces services du certificat de conformité est rendue publique ;

2. Soit par un organisme désigné à cet effet par un État membre de la Communauté européenne.

Art. 4. – Le contrôle de la mise en œuvre des procédures d'évaluation et de certification prévues au 1° du II de l'article 3 est assuré par un comité directeur de la certification, institué auprès du Premier ministre.

Un arrêté du Premier ministre précise les missions attribuées à ce comité, fixe sa composition, définit les procédures de certification et

© Éditions Litec

d'évaluation des dispositifs de création de signature électronique mentionnées à l'alinéa précédent ainsi que les procédures d'agrément des organismes d'évaluation. Il détermine, en outre, les obligations incombant à ces organismes et fixe les conditions dans lesquelles sont présentées et instruites les demandes de certification.

Chapitre II
Des dispositifs de vérification de signature électronique

Art. 5. – Un dispositif de vérification de signature électronique peut faire, après évaluation, l'objet d'une certification, selon les procédures définies par l'arrêté mentionné à l'article 4, s'il répond aux exigences suivantes :

a) Les données de vérification de signature électronique utilisées doivent être celles qui ont été portées à la connaissance de la personne qui met en œuvre le dispositif et qui est dénommée « vérificateur » ;

b) Les conditions de vérification de la signature électronique doivent permettre de garantir l'exactitude de celle-ci et le résultat de cette vérification doit sans subir d'altération être porté à la connaissance du vérificateur ;

c) Le vérificateur doit pouvoir, si nécessaire, déterminer avec certitude le contenu des données signées ;

d) Les conditions et la durée de validité du certificat électronique utilisé lors de la vérification de la signature électronique doivent être vérifiées et le résultat de cette vérification doit sans subir d'altération être porté à la connaissance du vérificateur ;

e) L'identité du signataire doit sans subir d'altération être portée à la connaissance du vérificateur ;

f) Lorsqu'il est fait usage d'un pseudonyme, son utilisation doit être clairement portée à la connaissance du vérificateur ;

g) Toute modification ayant une incidence sur les conditions de vérification de la signature électronique doit pouvoir être détectée.

Chapitre III
Des certificats électroniques qualifiés et des prestataires de services de certification électronique

Art. 6. – Un certificat électronique ne peut être regardé comme qualifié que s'il comporte les éléments énumérés au I et que s'il est délivré par un prestataire de services de certification électronique satisfaisant aux exigences fixées au II.

© Éditions Litec

Le décret d'application de l'article 1316-4

I. – Un certificat électronique qualifié doit comporter :
a) Une mention indiquant que ce certificat est délivré à titre de certificat électronique qualifié ;
b) L'identité du prestataire de services de certification électronique ainsi que l'État dans lequel il est établi ;
c) Le nom du signataire ou un pseudonyme, celui-ci devant alors être identifié comme tel ;
d) Le cas échéant, l'indication de la qualité du signataire en fonction de l'usage auquel le certificat électronique est destiné ;
e) Les données de vérification de signature électronique qui correspondent aux données de création de signature électronique ;
f) L'indication du début et de la fin de la période de validité du certificat électronique ;
g) Le code d'identité du certificat électronique ;
h) La signature électronique sécurisée du prestataire de services de certification électronique qui délivre le certificat électronique ;
i) Le cas échéant, les conditions d'utilisation du certificat électronique, notamment le montant maximum des transactions pour lesquelles ce certificat peut être utilisé.

II. – Un prestataire de services de certification électronique doit satisfaire aux exigences suivantes :
a) Faire preuve de la fiabilité des services de certification électronique qu'il fournit ;
b) Assurer le fonctionnement, au profit des personnes auxquelles le certificat électronique est délivré, d'un service d'annuaire recensant les certificats électroniques des personnes qui en font la demande ;
c) Assurer le fonctionnement d'un service permettant à la personne à qui le certificat électronique a été délivré de révoquer sans délai et avec certitude ce certificat ;
d) Veiller à ce que la date et l'heure de délivrance et de révocation d'un certificat électronique puissent être déterminées avec précision ;
e) Employer du personnel ayant les connaissances, l'expérience et les qualifications nécessaires à la fourniture de services de certification électronique ;
f) Appliquer des procédures de sécurité appropriées ;
g) Utiliser des systèmes et des produits garantissant la sécurité technique et cryptographique des fonctions qu'ils assurent ;
h) Prendre toute disposition propre à prévenir la falsification des certificats électroniques ;
i) Dans le cas où il fournit au signataire des données de création de signature électronique, garantir la confidentialité de ces données lors de leur création et s'abstenir de conserver ou de reproduire ces données ;

© Éditions Litec

j) Veiller, dans le cas où sont fournies à la fois des données de création et des données de vérification de la signature électronique, à ce que les données de création correspondent aux données de vérification ;

k) Conserver, éventuellement sous forme électronique, toutes les informations relatives au certificat électronique qui pourraient s'avérer nécessaires pour faire la preuve en justice de la certification électronique.

l) Utiliser des systèmes de conservation des certificats électroniques garantissant que :
– l'introduction et la modification des données sont réservées aux seules personnes autorisées à cet effet par le prestataire ;
– l'accès du public à un certificat électronique ne peut avoir lieu sans le consentement préalable du titulaire du certificat ;
– toute modification de nature à compromettre la sécurité du système peut être détectée ;

m) Vérifier, d'une part, l'identité de la personne à laquelle un certificat électronique est délivré, en exigeant d'elle la présentation d'un document officiel d'identité, d'autre part, la qualité dont cette personne se prévaut et conserver les caractéristiques et références des documents présentés pour justifier de cette identité et de cette qualité ;

n) S'assurer au moment de la délivrance du certificat électronique :
– que les informations qu'il contient sont exactes ;
– que le signataire qui y est identifié détient les données de création de signature électronique correspondant aux données de vérification de signature électronique contenues dans le certificat ;

o) Avant la conclusion d'un contrat de prestation de services de certification électronique, informer par écrit la personne demandant la délivrance d'un certificat électronique :
– des modalités et des conditions d'utilisation du certificat ;
– du fait qu'il s'est soumis ou non au processus de qualification volontaire des prestataires de services de certification électronique mentionnée à l'article 7 ;
– des modalités de contestation et de règlement des litiges ;

p) Fournir aux personnes qui se fondent sur un certificat électronique les éléments de l'information prévue au o) qui leur sont utiles.

Art. 7. – Les prestataires de services de certification électronique qui satisfont aux exigences fixées à l'article 6 peuvent demander à être reconnus comme qualifiés.

Cette qualification, qui vaut présomption de conformité auxdites exigences, est délivrée par les organismes ayant reçu à cet effet une accréditation délivrée par une instance désignée par arrêté du ministre

© Éditions Litec

chargé de l'industrie. Elle est précédée d'une évaluation réalisée par ces mêmes organismes selon des règles définies par arrêté du Premier ministre.

L'arrêté du ministre chargé de l'industrie prévu à l'alinéa précédent détermine la procédure d'accréditation des organismes et la procédure d'évaluation et de qualification des prestataires de services de certification électronique.

Art. 8. – Un certificat électronique délivré par un prestataire de services de certification électronique établi dans un État n'appartenant pas à la Communauté européenne a la même valeur juridique que celui délivré par un prestataire établi dans la Communauté, dès lors :

a) Que le prestataire satisfait aux exigences fixées au II de l'article 6 et a été accrédité, au sens de la directive du 13 décembre 1999 susvisée, dans un État membre ;

b) Ou que le certificat électronique délivré par le prestataire a été garanti par un prestataire établi dans la Communauté et satisfaisant aux exigences fixées au II de l'article 6 ;

c) Ou qu'un accord auquel la Communauté est partie l'a prévu.

Art. 9. – I. – Au titre de la déclaration de fourniture de prestations de cryptologie effectuée conformément aux dispositions de l'article 28 de la loi du 29 décembre 1990 susvisée, le prestataire de services de certification électronique doit, quand il entend délivrer des certificats électroniques qualifiés, l'indiquer.

II. – Le contrôle des prestataires visés au I est effectué par des organismes publics désignés par arrêté du Premier ministre et agissant sous l'autorité des services du Premier ministre chargés de la sécurité des systèmes d'information.

Ce contrôle porte sur le respect des exigences définies à l'article 6. Il peut être effectué d'office ou à l'occasion de toute réclamation mettant en cause l'activité d'un prestataire de services de certification électronique.

Lorsque le contrôle révèle qu'un prestataire n'a pas satisfait à ces exigences, les services du Premier ministre chargés de la sécurité des systèmes d'information assurent la publicité des résultats de ce contrôle et, dans le cas où le prestataire a été reconnu comme qualifié dans les conditions fixées à l'article 7, en informent l'organisme de qualification.

Les mesures prévues à l'alinéa précédent doivent faire l'objet, préalablement à leur adoption, d'une procédure contradictoire permettant au prestataire de présenter ses observations.

© Éditions Litec

Chapitre IV
Dispositions diverses

Art. 10. – Le présent décret est applicable en Nouvelle-Calédonie, en Polynésie française, aux îles Wallis-et-Futuna et à Mayotte.

Art. 11. – Le ministre de l'Économie, des Finances et de l'Industrie, la garde des Sceaux, ministre de la Justice, le ministre de l'Intérieur, le secrétaire d'État à l'Outre-mer et le secrétaire d'État à l'Industrie sont chargés, chacun en ce qui le concerne, de l'exécution du présent décret, qui sera publié au Journal officiel de la République française.

Fait à Paris, le 30 mars 2001.

Par le Premier ministre :
Lionel Jospin

La garde des Sceaux, ministre de la Justice,
Marylise Lebranchu

Le ministre de l'Économie,
des Finances et de l'Industrie,
Laurent Fabius

Le ministre de l'Intérieur,
Daniel Vaillant

Le secrétaire d'État à l'Outre-mer,
Christian Paul

Le secrétaire d'État à l'Industrie,
Christian Pierret

© Éditions Litec

Annexe 6

Le projet de loi sur la société de l'information

Remarque : La signature électronique a fait son entrée dans le Code civil au chapitre de la preuve des obligations. Elle recevait de ce fait une importante limitation, celle du « formalisme juridique ». En effet, l'obligation d'établir ou de créer un acte sur un support papier s'oppose à la dématérialisation documentaire et prive de tout intérêt l'utilisation d'une signature électronique (voir § 113).

Seule possibilité de surmonter ce blocage, certaines des dispositions libérales de la directive sur le commerce électronique (2000/31/CE) qui doivent être transposées en droit interne dans la loi sur la société de l'information (LSI). Début avril 2001, le projet de loi LSI a fait l'objet d'une première communication au public. On trouvera ci-dessous les dispositions visant la signature électronique. Pour la suite des débats... on se référera aux travaux parlementaires.

Dans le projet de loi sur la société de l'information, section 3 « Contrat par voie électronique », l'article 3.8 prévoit d'insérer après le chapitre VI du titre III du livre troisième du Code civil, un chapitre VII intitulé « Des contrats ou obligations sous forme électronique », comprenant des articles 1369-1 à 1369-5. L'article 1369-1 serait ainsi rédigé :

« Lorsqu'un écrit est exigé pour la validité d'un acte juridique, celui-ci peut-être établi et conservé par écrit sous forme électronique dans les conditions prévues aux articles 1316 à 1316-4 ou 1317. Lorsqu'est exigée une mention écrite de la main même de celui qui s'oblige, celui-ci peut l'apposer sous forme électronique, dans les mêmes conditions, par tout procédé garantissant qu'elle émane bien de lui-même. »

© Éditions Litec

On retrouve bien ici l'obligation préalable de dresser un écrit-papier pour former un acte. On pourra cependant en opérer la dématérialisation si le message électronique présente lors de sa formation, de sa transmission et de sa conservation toutes les garanties assurant identification et intégrité. Ces garanties pourront être efficacement assurées si une SES est employée, sans que cela soit une obligation. Cependant l'utilisation d'une SES sera encore un atout considérable au moment d'administrer la preuve de l'écrit électronique.

Avec ces dispositions, le formalisme juridique ne sera plus que résiduel (1).

D'autre part, ce projet de la loi LSI traite également de la responsabilité professionnelle des PSC vis-à-vis des utilisateurs de certificats. Mais il n'apporte pas dans l'état actuel du projet, de précisions par rapport à la directive (article 6).

---

(1) En effet l'art. 1396-2, à l'image de la directive Commerce électronique, énonce certains actes qui ne pourront être dématérialisés sous l'effet de l'art. 1396-1. Ce sont :
— les actes sous-seing privé relatifs au droit des personnes, de la famille, des successions, des libéralités et des régimes matrimoniaux et pour ceux qui sont soumis à autorisation, ou homologation de l'autorité judiciaire,
— les actes sous-seing privé relatifs à des sûretés personnelles ou réelles, de nature civile ou commerciale, s'ils ne sont pas passés par une personne pour les besoins de sa profession.

© Éditions Litec

Annexe 7

Décision de la Commission du 6 novembre 2000

relative aux critères minimaux devant être pris en compte
par les États membres lors de la désignation
des organismes visés à l'article 3, paragraphe 4,
de la directive 1999/93/CE du Parlement européen
et du Conseil sur un cadre communautaire
pour les signatures électroniques

Article premier

La présente décision a pour but d'énoncer les critères auxquels les États membres doivent se référer pour désigner les organismes nationaux chargés d'évaluer la conformité des dispositifs sécurisés de création de signature.

Article 2

L'organisme désigné qui appartient à une organisation pratiquant des activités autres que l'évaluation de la conformité de dispositifs sécurisés de création de signature avec les exigences visées à l'annexe III de la directive 1999/93/CE doit pouvoir être identifié au sein de cette organisation. Il convient de faire une distinction claire entre les différentes activités.

Article 3

L'organisme et le personnel qui lui est attaché ne doivent entreprendre d'activités risquant d'entrer en conflit avec l'impartialité et la probité requises par leurs tâches. L'organisation doit notamment être indépendante vis-à-vis des parties en présence. C'est pourquoi l'organisme, la personne qui en est responsable et le personnel chargé d'effectuer l'évaluation de conformité ne doivent pas être un concepteur, un fabricant, un fournisseur ou un installateur de dispositifs sécurisés de création de signature. Un prestataire de service de certification délivre des certificats au public ou le mandataire de l'une ou l'autre de ces parties.

Ils doivent en outre être financièrement indépendants et ne pas participer directement à la conception, à la fabrication, à la commercialisation ou à la maintenance de dispositifs sécurisés de création de signature ni représenter les parties exerçant ces activités. Cette disposition n'exclut pas que le fabricant et l'organisme désigné puissent échanger des informations techniques.

Article 4

L'organisme et le personnel qui lui est attaché doivent être capables d'évaluer la conformité des dispositifs sécurisés de création de signature avec les exigences visées à l'annexe III de la directive 1999/93/CE. Ils doivent faire preuve d'une grande probité professionnelle, d'une grande fiabilité et disposer des compétences techniques suffisantes.

Article 5

L'organisme doit appliquer des procédures d'évaluation de conformité transparentes et consigner toutes les informations utiles les concernant. Toutes les parties intéressées doivent avoir accès aux services de l'organisme. Les procédures appliquées par l'organisme doivent être mises en œuvre de manière non discriminatoire.

Article 6

L'organisme doit disposer du personnel et des équipements nécessaires pour pouvoir accomplir correctement et rapidement les tâches techniques et administratives liées à l'activité pour laquelle il a été désigné.

© Éditions Litec

Article 7

Le personnel responsable de l'évaluation de conformité doit présenter le profil suivant :
– posséder une solide formation technique et professionnelle, notamment dans le domaine des techniques concernant la signature électronique et les aspects liés à la sécurité des technologies de l'information,
– avoir une bonne connaissance des exigences liées aux évaluations de la conformité qu'il est chargé d'effectuer et avoir l'expérience de telles évaluations.

Article 8

L'impartialité du personnel doit être garantie. Sa rémunération ne dépend pas du nombre d'évaluations de la conformité effectuées ni des résultats de ces évaluations.

Article 9

L'organisme doit prévoir des dispositions pour couvrir la responsabilité attachée à ses activités, par exemple en contractant une assurance appropriée.

Article 10

L'organisme doit prévoir les dispositions nécessaires pour garantir la confidentialité des informations recueillies lors de l'exécution des tâches qui lui ont été confiées en vertu de la directive 1999/93/CE ou de toute disposition de droit national concernant la confidentialité. Sauf vis-à-vis des autorités compétentes de l'État membre l'ayant désigné.

Article 11

Lorsqu'un organisme désigné prévoit qu'une partie des évaluations de la conformité est effectuée par une autre partie, il doit s'assurer que cette partie est compétente pour fournir le service en question et être en mesure d'en apporter la preuve. L'organisme désigné doit assumer l'entière responsabilité des travaux réalisés dans le cadre de tels arrangements. La décision définitive est laissée à l'organisme désigné.

Bibliographie et références

1. Références juridiques

Textes

Digital Signature Guidelines et *US Model Digital Signature Law*, publiés en 1995, on peut les consulter sur le web de l'ABA www.abanet.org/scitech/ec/isc/home.html.

CNUDCI, *Loi modèle pour le commerce électronique*, disponible sur son site web, «UNCITRAL model law on electronic commerce», 28 may – 14 june 1996 – General assembly, fifty-first session, supplement n° 17 (A/51/17).

COM(97)503, projet de communication de la Commission : *Assurer la sécurité et la confiance dans la communication électronique – vers un cadre européen pour les signatures numériques et la cryptographie.*

SCSSI (Service central de la sécurité des systèmes d'information), *Réglementation française en matière de cryptologie*, version 10 juin 1998.

CE (rapport), *Internet et les réseaux numériques*, septembre 1998, voir le site gouvernemental consacré à Internet.

Ministère de l'Économie et des Finances, *Politique de certification modèle*, décembre 1999, disponible sur le site web du MEFI.

Directive 1999/93/CE du Parlement européen et du Conseil du 13 décembre 1999 sur un cadre communautaire pour les signatures électroniques.

Directive 2000/31/CE du Parlement européen et du Conseil relative à certains aspects juridiques des services de la société de l'information, et notamment du commerce électronique dans le marché intérieur, «directive sur le commerce électronique», *JOCE* n° L.178/1, du 17 juillet 2000.

Loi n° 2000-230 du 13 mars 2000 portant adaptation du droit de la preuve aux technologies de l'information et relatif à la signature électronique, *JO* du 14 mars 2000, p. 3968.

© Éditions Litec

Décret n° 2001-272 du 30 mars 2001, pris pour l'application de l'article 1316-4 du Code civil et relatif à la signature électronique, *JO* du 31 mars 2001, p. 5070.

Décision de la Commission du 6 novembre 2000, relative aux critères minimaux devant être pris en compte par les États membres lors de la désignation des organismes visés à l'article 3, paragraphe 4, de la directive 1999/93/CE du Parlement européen et du Conseil sur un cadre communautaire pour les signatures électroniques.

Jurisprudence

CA Besançon, *Sarl Chalets Boisson* c/ *Bernard G*, 20 oct. 2000.

2. Bibliographie

Livres

ADIJ-Sénat, « Quelle valeur probatoire accorder aux documents électroniques ? », colloque du 21 octobre 1999.

Bensoussan A. et Le Roux Y., *Cryptographie et signature électronique – aspects juridiques*, Éd. Hermès, 1999.

Fausse A., *La signature électronique*, Éd. Dunod.

Ford W. et Baum M., *Secure Electronic Commerce*, Prentice Hall, USA (NJ), 1997.

Groupe de travail commun IALTA France et Conseil supérieur de l'ordre des experts comptables, *Guide de l'archivage sécurisé*, oct. 2000 (voir sur les sites web).

Groupe juridique (GALC), *Les signatures électroniques – présentation des approches législatives dans différents pays européens*, Édifrance, juill. 2000.

IALTA, Le Livre Blanc, *Les nouveaux tiers de confiance impliqués dans les échanges électronique*s, nov. 1998 (site : www.ialtafrance.org).

L'archivage électronique, Éd. du Conseil supérieur de l'ordre des experts comptables, mars 1998.

Parisien S. et Trudel P., *L'identification et la certification dans le commerce électronique*, Éd. Yvon Blais, Montréal, 1996.

Piette-Coudol Th., *Échanges électroniques – certification et sécurité*, coll. Droit@Litec, Éd. Litec, mars 2000.

Piette-Coudol Th., *Guide de l'utilisateur professionnel de signature électronique*, Édifrance, déc. 2000.

© Éditions Litec

Articles

Gautier P.-Y., « Le bouleversement du droit de la preuve : vers un mode alternatif de conclusions des conventions », *Petites affiches*, 5 mai 2000.

Grynbaum L., « La preuve littérale et la signature à l'heure de la communication électronique », *Comm. com. électr.*, nov. 1999, chron. 2.

Huet J., « Vers une consécration de la preuve et de la signature électronique », *D.* 2000, n° 6 chron.

Leclercq P., « Le nouveau droit civil et commercial de la preuve et le rôle du juge », *Comm. com. électr.*, mai 2000, chron. 9, spé. p. 11 et s.

Linant de Bellefonds X., « Signature électronique et tiers certificateur », *Expertises,* févr. 2000, p. 18 et s.

Schwerer F., « Réflexions sur la preuve et la signature dans le commerce électronique », *J.-Cl. contrats et concurrence*, déc. 2000, p. 4.

3. Normes et protocoles

Recommandation X.509 v.3. de l'Union internationale des télécommunications (1993), également publiée par l'ISO comme ISO/IEC 9594-8, Information Technology – Open systèmes interconnection – The directory authentication framework.

COSIFORM (Premier ministre), « Le schéma directeur interministériel des téléprocédures », *rapport administratif*, avr. 1997. Voir le site gouvernemental : http://www.internet.gouv.fr/.

4. Sites web

IALTA France : http://www.ialtafrance.org
IETF : www.ietf.org
Ministère de la Justice : http://www.justice.gouv.fr
Ministère Industrie : http://www.industrie.gouv.fr
Site gouvernemental sur internet : http://www.internet.gouv.fr
Édifrance : http://www.edifrance.org

© Éditions Litec

Index alphabétique

(Les numéros renvoient aux numéros de paragraphes. L'indication « n » renvoie plus particulièrement à la note de bas de page du paragraphe considéré).

■ A ■

Accréditation, 75, 102.
Acte authentique électronique, 15.
Acte juridique (notion), 19.
Archivage, 154 et s., *v. conservation.*
Auteur intellectuel, 64.

■ B ■

Bi-clé, 23, 29, 65.

■ C ■

Carte à puce, 43.
Certificat, 65 et s., 72.
Certificat qualifié, 74.
Chiffrement (messages), 54.
Clé privée, 65, 79.
Clé publique, 69, 73.
Clés cryptographiques, 50 et s.
Commerce électronique, 2, 3.
Condensé, 36 et s., 60, 133.
Consentement, 18n, 26.
Conservation, 143.
Convention de preuve, 146.
Création (de signature), 27, 28, *v. DCS.*
Cryptographie, 45 et s.

■ D ■

DCS, 78 et s.
Décret (projet), 30.
Directive signature électronique, 4, 71.
Durée certificat, 73n.
DVS, 139.

■ E ■

Écrit électronique, 111n, 112, 141.
EDI, 30n, 45, 137.
Enregistrement, 73, 93.
Évaluation, 81 et s.

■ F ■

Fiabilité, 27, 28, 100, 124, *v. présomption.*
FNTC, 105.
Formalisme, 113.
Formation de l'acte, 143.

■ H ■

Horodatage, 30n.

■ I ■

ICP, 68.
Identification, 5, 6, 31.
Identité, 62 et s., 73n.
Image-texte, 119 et s.
Intégrité, 5, 6, 21, 31, 33, 34 et s., 35n, 118n, 122.

© Éditions Litec

■ J ■

Jurisprudence *Boisson*, 63.

■ L ■

LCR, 73n.
Lien, 24.
Logiciel, 40 et s.
Loi du 13 mars 2000, 12 et s., 140.

■ M ■

MINEFI, 108.

■ P ■

Paraphe, 35n.
PC, 74.
Présomption, 124 et s.
Preuve, 125 et s., 141.
PSC, 73, 86 et s.

■ R ■

Référencement, 75.

■ S ■

SCSSI, 75, 108.

Signature « dégradée », 150 et s.
Signature électronique « simple », 8.
Signature électronique avancée, 6.
Signature électronique moyen de sécurité, 7, 11.
Signature manuscrite, 9, 10.
Signature numérique, 21, 22, 38.

■ T ■

Tiers archiveur, 159 et s.
Tirage (clés), 52.

■ V ■

Vérification (de signature), 130 et s.
Visualisation, 80, 115 et s.
Volonté du signataire, 20.

■ X ■

X509, 68.

■ Z ■

Z 42-013, 159 et s.

© Éditions Litec

Table des matières

PRINCIPALES ABRÉVIATIONS	VII
AVERTISSEMENT	IX
INTRODUCTION	1

Section 1. **Contexte européen et droit positif** 1
1. Directive et mise en conformité du droit français 1
2. Présentation du dispositif juridique français 5

Section 2. **Signature manuscrite et signature électronique** 7
1. Les caractéristiques applicables à toutes les signatures 7
2. Le procédé de signature électronique 10

TITRE 1
LA SIGNATURE ÉLECTRONIQUE : ORGANISATION ET FONCTIONNEMENT 13

CHAPITRE 1. UN PROCÉDÉ TECHNIQUE QUI GARANTIT L'INTÉGRITÉ DE L'ÉCRIT ÉLECTRONIQUE 15

Section 1. **La garantie d'intégrité** 16
1. La rencontre de l'intégrité et du droit 16
2. L'intégrité mise en œuvre par le calcul du condensé 17

Section 2. **Un moyen sous le contrôle direct du signataire** 18

CHAPITRE 2. UN PROCÉDÉ TECHNIQUE QUI ASSURE DE L'IDENTITÉ DU SIGNATAIRE 21

Section 1. **Comment garantir l'identification ?** 21
1. Généralités sur la cryptographie 21
   ■ La cryptographie et la signature électronique 22
   ■ La manipulation du biclé 24
2. Cryptographie et signature 26

Section 2. **Comment assurer l'identité du signataire ?** . 27

© Éditions Litec

1. Notion de certificat électronique	28
2. Statut juridique du certificat	30
3. Conformité du certificat aux dispositions de la directive	33

CHAPITRE 3. LES MODALITÉS SELON LESQUELLES EST CRÉÉE LA SIGNATURE ÉLECTRONIQUE 35

Section 1. *Les exigences juridiques* 35

Section 2. *La validation du DCS par la procédure d'évaluation-certification* 37

CHAPITRE 4. ORGANISATION ET FONCTIONNEMENT DU CERTIFICATEUR (PSC) 41

Section 1. *Le certificateur* 41
1. Statut et organisation du certificateur 42
2. Déploiement des fonctions de certification 43

Section 2. *La reconnaissance professionnelle du PSC* 45
1. La pertinence d'un système de contrôle 45
2. Les dispositifs de contrôle selon la directive 47
- Le contrôle de l'article 7 du projet de décret 47
- Le couronnement des efforts et exigences supplémentaires du PSC : l'accréditation 47

TITRE 2
LES EFFETS JURIDIQUES 51

CHAPITRE 5. LA VALIDITÉ JURIDIQUE DE LA SIGNATURE AVANCÉE 53

Section 1. *La validité de la signature électronique* 53
1. La signature électronique est au message électronique ce que la signature manuscrite est à l'écrit sur papier 53
2. Les effets de la signature sont limités par le formalisme juridique 54

Section 2. *Les conditions de la validité* 56
1. Une visualisation du message électronique avant la signature 56
2. La présomption de fiabilité du procédé 59

Section 3. *La signature vérifiée par le destinataire* 60
1. La vérification technique de la signature électronique avancée 60
2. La vérification de la signature au regard du droit 62

Chapitre 6. LA SIGNATURE ÉLECTRONIQUE DANS L'ADMINISTRATION DE LA PREUVE 65

© Éditions Litec

Table des matières

Section 1. **La preuve de l'écrit électronique** 65
1. L'écrit électronique et sa preuve 65
2. Les caractéristiques de la preuve électronique 66
3. L'apport de la signature à l'administration de la preuve 68
4. La validité de la signature (avancée) dégradée 68

Section 2. **Preuve et archivage** 69

Annexe 1. Première rencontre avec les certificats
électroniques 75
1. Windows et les certificats 75
2. Signature et certificat 75
3. Vous recevez votre premier message signé ! 77

Annexe 2. La directive communautaire signature électronique   83

Annexe 3. La signature électronique
dans quelques pays européens 95

Annexe 4. La loi portant adaptation du droit de la preuve
aux technologies de l'information et relatif
à la signature électronique 101

Annexe 5. Le décret d'application de l'article **1316-4** 103

Annexe 6. Le projet de loi sur la société de l'information 117

Annexe 7. Décision de la Commission du **6 novembre 2000**   119

Bibliographie et références 123

Index alphabétique 127

© Éditions Litec

L'impression et le façonnage
de cet ouvrage
ont été effectués
à l'Imprimerie LUSSAUD
85200 Fontenay-le-Comte

Dépôt légal 2ᵉ trimestre 2001
n° 3371
N° d'impression : 202 059